LO HERMOSO DE MI VIDA

LO HERMOSO DE MI VIDA

BERTHA TOPETE DE SALDANA

Número de Control de la Biblioteca del Congreso de EE. UU.:   2020924396
ISBN: Tapa Dura   978-1-5065-3548-7
                Tapa Blanda   978-1-5065-3549-4
                Libro Electrónico   978-1-5065-3550-0

Información de la imprenta disponible en la última página.

Fecha de revisión: 09/12/2020

Para realizar pedidos de este libro, contacte con:
Palibrio
1663 Liberty Drive, Suite 200
Bloomington, IN 47403
Gratis desde EE. UU. al 877.407.5847
Gratis desde México al 01.800.288.2243
Gratis desde España al 900.866.949
Desde otro país al +1.812.671.9757
Fax: 01.812.355.1576
ventas@palibrio.com
822573

Índice

Dedicatorias De Agradecimiento

A Dios primeramente por darme la vida y dejarme llegar a este hermoso momento.

Segundo: a mis padres, familiares y amistades y a todas las personas que han aportado algo a mi desarrollo personal para que ahora sea plasmado en papel.

Y tercero: a la empresa Ganolife por haberme hecho crecer en todas las áreas de mi vida, hacerme despertar a un mundo nuevo de amor, superación y servicio. Y porque gracias a eso yo he hecho grandes cosas y he realizado varios sueños. Y hoy al escribir mi libro, le doy el mérito total porque antes no me hubiera atrevido.

CAPÍTULO 1

Mi Llegada A Este Mundo

Nazco una linda mañana, el día de las madres en México, cuando el mariachi tocaba por la calle las mañanitas. Y vine a cumplir lo que muchas personas les decían a mis padres, que yo era un gran regalo para ellos y que muchas cosas buenas iba a hacer por ellos.

Llego a este mundo el 10 de mayo de 1961, de mis amorosos padres, Ascensión Topete Jiménez, nacido el 11 de mayo de 1899, y de mi madre, Dolores Flores Ruiz nacida en febrero 24 de 1914.

Todas las personas creían que eran mis abuelos porque mi padre 62 años, cuando yo nací y mi madre 43 años. Mi mamá me platicaba que yo, muy enfermiza desde recién nacida y le atribuía a que me tuvieron ya grandes de edad. La gente les decía, gran regalo les llegó.

Me cuenta que a mí no me podían enfriar ni siquiera para bañarme porque me daba asma muy fuerte y me quería ahogar, también me platica que cree que me dio un dolor porque me daba pecho y que no sabe qué comí. Qué tal vez arrayanes. Y yo lloraba inconsolable, me tomó en sus brazos, cayó de rodillas para dirigirse a un altarcito con un crucifijo y una Virgen que teníamos en su recámara y de la sala a su recámara yo me desmayé y ella sollozando, llorando conmigo en brazos, llegó hasta donde este altar estaba y ahí volví yo de mi desmayo y desde entonces me creen como si yo fuera un milagro de vida y yo así lo creo tambien

Pienso que tengo un propósito en la vida y que Dios me ha dado otra oportunidad para ir sobre mi misión y cumplirla. Yo tuve una infancia feliz, crecí muy amada y consentida y con muchos apegos.

En una ocasión mi mamá me dejó niñita al cuidado de mi papá para ir a visitar a mis hermanas que vivían en Estados Unidos, ya que se vinieron a otro país a trabajar y ayudar a mis padres económicamente. Yo me enfermé seriamente y creo me negaba a comer, la gente que pasaba y me miraba toda delgadita, le decía a mi padre. Dígale a doña Lola que ya se venga de regreso porque su niña se le puede morir de tristeza. Yo solo recuerdo esas palabras y no me acuerdo de más detalles, ni siquiera cuando mi madre regresó.

Mi padre fue arriero para ganarse la vida y aunque no sabía leer ni escribir, logró hacer su fortuna y compró una casa tipo hacienda con muchos cuartos y un corral enorme para animales con largos pesebres para alimentarlos, también una huerta con árboles frutales muy grande hasta sembraba maíz. Ahí albergaba a muchas personas que llegaban de las rancherías cercanas con sus familias y ganado o cerdos para vender.

A estas familias la llegamos a amar y las vemos como de casa y fueron muchos y hasta la fecha nos frecuentamos y nos queremos. Así es como aprendimos toda nuestra familia a convivir con otros y a respetar sus individualidades y comprendimos que no todos somos iguales, ni actuamos y ni pensamos igual y de esta manera debemos aceptarlos y respetarlos.

Ahí me dió un gran consejo mi padre de ama tu familia y amistades porque son tu mayor tesoro y ellos te sacarán de un apuro cuando lo tengas.

Fue un hombre recio pero amoroso, criaba y jugaba gallos finos, caballos hermosos y fumaba puro, dejó muchos dichos y chistes. Los dichos tienen mucha sabiduría y yo los aplico mucho a mi vida, por ejemplo:

En la forma de pedir está la forma de dar.
Dime con quién andas y te diré quién eres.
En la cárcel y hospital se conocen los amigos.
Agradece cuando te hagan un favor.
Respeta las autoridades.
Nunca robes porque si lo haces ni menciones que soy tu padre.
Tener temor de Dios
Ser acomedido cuando veas que se necesita de tu ayuda.
Conserva tus amistades.
Una atención cuesta poco y vale mucho.

Le conocimos grandes amigos, el que vivía
más cerca de nosotros era su amigo Andres
Solis pero con todos se demostraban mucho
cariño y solidaridad.

Mi madre fue una mujer muy dulce y amorosa que
sí sabía leer y escribir e inclusive dió clases de corte y
confección en nuestra casa, a mí me enseñó a coser y
ella se hacía su propia ropa, a mi papá le hacía pantalones
y chamarras. Nos comentaba que su maestro, que le
enseñó, le dijo. "Ponles manta de la mejor calidad a las
bolsas del pantalón de don Chon, o sea de mi padre,
porque él es un hombre de mucho dinero para que no
se le vayan a romper.

Todo lo cosíamos en una maquinita Singer que
todavía tenemos. Hacíamos ropa, remendábamos con
parches y poníamos cierres de vestido, falda o pantalón
algunas veces yo los podía arreglar sin reemplazarlos ni
descoser.

Con mucho amor asistía a todas las personas que
llegaban a nuestra casa con cualquier necesidad. Fue muy
religiosa y así nos enseñó, quería que siguiéramos todo
lo que a ella le habían enseñado y en algunas ocasiones
me llegó a pegar porque yo no quería ir y me sacaba de
mis juegos, o de mi confort para mandarme a atender lo
que ella me decía.

Tuvo a su hermana, que quiso mucho a mi tía Nacha
y ahí aprendí yo amar a mis hermanos porque ella con su
ejemplo, me enseñó. Ya mayor se encontró con un medio

hermano que vivía en Guadalajara y se frecuentaban periódicamente. El era mi tío Pancho o tío Francisco.

Tuvo una gran amiga Trinidad Peña y hasta sus últimos días de sus vidas fueron amigas. También yo de ahí aprendí el amor por la amistad, lo practico y tengo mis grandes amigas que amo y respeto, son varias y muy buenas personas todas. Me comenta mi amiga desde que éramos niñas, hija de Trinidad Peña que mi mamá fue su única amiga de ella y que la quiso mucho y yo sé que mi mamá la quiso mucho también.

Nos mantenemos en contacto y pude mirarla antes de que falleciera y pude estar en su servicio funeral gracias al amor y buena comunicación de mí más longeva amiga Marie a la que sigo y quiero mucho. La busco para platicar e intercambiar experiencias de nuestra vida.

Me encanta saber qué fumas puro como mi papá y que cuando lo haces hasta le platicas y que eso te relaja. Te agradezco amiga que lo hayas querido tanto como el te quiso a ti.

CAPÍTULO 2

Mi infancia.
Mi vecindario

Mi infancia. Tuve una niñez muy hermosa jugando los juegos infantiles en la calle. Con mucha seguridad de que nuestro vecindario era tan bueno que todos cuidaban de nosotros. Nuestros juegos eran: las escondidas, la trae, los quemados, las canicas, brincar la cuerda, el trompo, el cinto escondido, la pupa, el bebeleche, unas buenas carreras, lotería, la papa caliente, juegos hermosos y divertidos. Que nos ayudaban al desarrollo físico y mental.

Fui muy consentida y súper protegida por todos, pero no faltaba gente celosa o envidiosa que no lo veían bien y a veces a escondidas de mis padres me hacían malas caras e inclusive me pegaban, pero nada serio que me marcara o me traumara.

Los vecinos, todos gente sencilla y hermosa que yo miraba que convivían unos con otros, se ayudaban y se compartían experiencias diarias de su vida. A veces lloraban y reían juntos. Hasta se contaban chistes de todos los colores. Mis padres tuvieron grandes amigos, un matrimonio vecino que quisieron mucho. Ellos eran Andrés Solis y Trinidad Peña.

Las familias llegamos a querernos mucho, ahí conocí a mi amiga Marie que desde que yo recuerdo teníamos cómo 5 o 6 años y hemos tenido una hermosa amistad y eso le agradezco a mi padre que él nos decía: "Valora y conserva tus amistades porque es tu mayor tesoro" y hasta la fecha nos queremos. Gracias por invitarme a conocer New York, donde tenías a tu hija estudiando, viajamos con tu amiga Cruz que hoy es mi amiga también.

Aprendí también amar a los animales porque nuestra casa hubo gallos finos de pelea, caballos de carrera, perros pastor alemán y una vaca lechera. Mis hermanas me platican que hasta una chiva para ordeñar y darme leche a mí cuando estuve enferma y pequeña.

Supe que plantar un árbol hoy; te da su fruto después, miré a mis padres sembrar y gozar de cosecha. Mi padre sembraba árboles frutales, naranja dulce, naranja agria, arrayanes, mangos, aguacates, guayabas, café, sidra y de todas estas frutas yo gocé y hasta vendí y sacaba mi propio dinero.

Mi madre con jardín de flores hermosas, diferentes tipos y colores, pero su favorito era el amarillo, plantas verdes y hasta hortalizas, porque terreno era bastante y lo aprovechamos. También amaba los pajaritos.

Recopilando datos tuve una infancia feliz con unos cimientos muy fuertes para construir mi vida que he podido disfrutar plenamente. He sabido y aprendido que sí tienes una infancia feliz, toda tu existencia será feliz y así considero mi vida, que ha sido plena y no he tenido que lidiar con problemas del pasado.

Mi educación primaria fue hermosa, excepto el primer año me tuvieron que sacar de la institución porque yo no quería despegarme de mi madre, lloraba y me le prendía, le decía que por favor no me dejara. A ella logré conmover con mi llanto y hablando con mi padre, los dos aceptaron que no fuera yo ese año a la escuela.

El siguiente año ya más preparada pude vencer el desprendimiento y me quedé en la escuela, fuí muy buena estudiante. Siempre me esmeraba en obtener muy buenos grados y hasta la fecha de hoy me sigue encantando aprender, sigo anotándome en cursos y diplomados. Que se me traerán gran beneficio a mi vida y no sólo a mí, sino que yo podré ser guía y ejemplo para mi amada descendencia de que continúen capacitándose siempre en su vida. No solo les voy a decir esto de palabra, ellos podrán constatarlo porque estoy poniendo el ejemplo y sin fijarme en la edad que tengo.

He puesto en práctica mucho de lo aprendido con mi familia amada en reuniones y con pláticas hemos podido limar asperezas, sobre todo con nuestros adolescentes y pequeñitos que están en edad difícil, pero que han sabido escuchar. Y han vuelto a integrarse al grupo familiar y con mucho amor.

Aquí si aplico lo que he escuchado siempre no ser candil de la calle y oscuridad de tu casa. Empecé con mi familia, primero siendo líder y guia conduciéndolos con paciencia y ejemplo para poder lograr resultados satisfactorios. Exactamente igual como mis padres hicieron conmigo cuando yo era pequeñita y necesitaba de sus consejos, de su cariño, de su amor, pero sobre todo que me fueran guiando con ejemplo.

También me siento capacitada para ayudar a familias que estén enfrentando este problema con sus pequeños. Para ayudarles y guiarlos y si ocupan de mis experiencias de lo que yo he aprendido y he comprobado y experimentado con mi propia familia, entonces con mucho gusto lo comparto. Posteriormente me dicen que si les ayudó y que mejoraron su situación y que me agradecen mucho por ello y eso me motiva para cuando se me pida una ayuda, ahí quiero estar para tender esa mano amiga. Cuando yo veo que estos resultados se han dado y que sé que puedo ser un ser de luz y ayudar a otros con palabras de ánimo y superación y hasta con mis propias vivencias, entonces continuó haciéndolo y sin nada de esfuerzo. Porque a mí me gusta mucho ayudar y lo hago con pasión.

Reconozco que muchas personas me han ayudado a mí durante mi vida y les agradezco desde el fondo de mi corazón y sé que no me alcanzarían las páginas de este libro para enumerarlas. Pero cada uno sabe quién ha estado cerca de mí y me ha dado de su amor y conocimiento y siéntanse amados por mí y reciban duplicado lo que me brindaron, sobre todo en la época de mi infancia.

Rodeada de buenas personas, crecí y desde niña pude comprobar que, aunque a veces se atraviesa alguien o algo malo se puede superar todo, porque lo bueno vence. Yo crecí en ese lindo lugar y la mayoría de las personas que estuvieron en mi vida me cuidaron y protegieron. Pude escribir en mi mente y corazón páginas de buenos inicios, principios y demostraciones de afecto y eso fue determinante porque seguí creciendo sin traumas. Considero que eso ayudó para que me desenvolviera sin inhibiciones o ataduras al pasado. Pude adaptarme muy bien al estilo de vida que se nos ofrecía. Aproveché todo lo que teníamos para jugar, para divertirnos y para gozar de esa niñez que es una de las etapas más hermosas de la vida. Gracias a mis padres que me brindaron ese lindo lugar para nacer, crecer y desarrollarme y que lo recomiendo ampliamente ven a conocer mi pueblo mágico Mascota, Jalisco y te pasas a Puerto Vallarta que esta muy cercas y que es turísticamente reconocido.

CAPÍTULO 3

Mi Familia. Cada Hermano Opina

Nuestra familia completa y
algunas opiniones de ellos.

Como mi padre tuvo dos matrimonios y yo siendo la
más pequeña la número 16; no tuve oportunidad de
convivir con todos, pero con los que conviví lo hice
con mucho amor y aprendí mucho de cada uno. A
continuacion les iré mencionando de mayor a menor y
alguna idea, comentario o anécdota de ellos.

Federico. No tuve el placer de conocerlo. Pero a su
familia si la conozco y hemos tenido oportunidad de
vernos, abrazarnos e intercambiar algunas experiencias
de nuestra vida. Fue muy amado para mi padre y cuando
se enteró de su fallecimiento lloró mucho. Fue para mi
la primera vez que lo vi llorar y con tanto sentimiento.

Ramón. Una sola vez lo vi, fue a Mascota a ver a
mi padre y él no comía carne, pero se iba al mercado
y nos llevaba carne a nosotros para que nosotros
consumiéramos. Tuvo un alto puesto de Gobierno en la
Rumorosa y fue muy querido y respetado ahí.

Abraham. Lo conocí cuando fallece mi papá fue a
Mascota, Jalisco un día después de sepultado, por qué nos

dijo que él no soportaba verlo tendido. Tengo contactos con sus hijos y en algunas ocasiones nos hemos visto.

Dolores. Mi media hermana, que me ayudó mucho, ella vivía en Guadalajara. Y yo con ella llegaba cuando iba por lo de mi escuela. Cuando íbamos a ver especialistas médicos, cuando operaron a mi papá de la próstata y cuando nació mi primera hija. Ella me llevó al hospital y mi hija le llamaba mamá Lola con mucho cariño. Con sus hijos tengo mucho contacto y nos queremos mucho.

Ignacio. Le decían el Canelo por tener un mechón de canas. Vivió en el este de Los Angeles, California, ayudó a muchos de la familia que se vinieran a Estados Unidos. Para mí fue muy placentero convivir con él y con su esposa Bertha que hasta la fecha de hoy vive y tiene 94 años y se mira bien de salud. Cuando él falleció pude verlo en el hospital y acudir a sus servicios. Me tocó mirar también su generosidad para con mi papá.

Salvador. A él lo apodaron el Chato. Poco conviví con él por la edad y porque él estaba en Estados Unidos trabajando. Pero fue también muy agradable los momentos que vivimos juntos. Recuerdo con mucho cariño sus carcajadas. Cuando mi hermano falleció, estábamos la familia reunida en la cena de Acción de Gracias. Vino la ambulancia por él y fue la última vez que lo vimos con vida. Pero cuando estaba bien, yo estaba en los últimos detalles del pastel, (porque me encanta hacer pasteles) y él me dijo: "ándale muchacha, ya no le embarres tanto porque ya queremos comer", y yo le dije luego y luego hermano aqui está el cuchillo y córtale un pedazo. Sólo pude acompañarlo aquí en el servicio que le ofrecieron.

Porque no pude salir a México. Y lo llevaron a para allá y me platican que tuvo un acompañamiento muy hermoso porque pertenecía a la asociación de charros de Mascota, Jalisco. Y yo por no tener la residencia, no pude cruzar para estar con él.

Ascensión. Como mi padre. Le decían Chonillo o Chon Topete chico. Fue el más chiquito de los hombres de su primera esposa de mi papá. Y fue muy apegado, siempre estuvo con él y yo miraba que fue muy consentido y mi padre le ayudó mucho. Sus hijos y yo crecimos juntos y los quiero mucho, ya que yo también fui la chiquita o pilón de mi padre. Cuando falleció no pude ir. Por no poder salir. Hablo con sus hijos cada vez que puedo y me alegra saber que les va bien en su vida.

María. Mi media hermana, que es la única que queda de su primer matrimonio de mi papá, es la mas chiquita y he tenido el placer de ver y estar con ella en algunos eventos especiales. Y tiene mucho dolor y resentimiento por haber perdido a su mamá cuando ella era tan pequeña. Pregunta constantemente porqué a ella.

Para mí fue mi modelo a seguir. Por el gusto del buen vestir le gustaba usar sus zapatillas muy altas y al color de sus hermosos vestidos y sus peinados de salón. Gracias, mi hermana, porque de ti aprendí a lucir bien y a cuidar mi apariencia personal. Eres mi hermana, la más pequeña de mi papá y yo también fui la más pequeña de su segunda familia, así es de que fuimos las dos, su broche de oro para cerrar esa descendencia. Dios nos permita la dicha de seguir reuniéndonos para intercambiar nuestras experiencias de vida.

Mis hermanos de padre y madre.

José. Yo lo miraba muy poco, ya que él se fue a vivir y a trabajar a Guaymas, Sonora. Donde formó su familia, esposa y 3 hijos. Trabajaba en barcos. Pero desafortunadamente empezó a tomar muy chico de edad y se dañó su hígado, falleció a la edad de 30 años con nosotros en Mascota, Jalisco de cirrosis. Yo tenía 15 años y fue un gran golpe para todos, especialmente para mi madre, que posteriormente sufrió un severo embolio. Quedó muy dañada y parecía que no volvería a ser la misma, pero gracias a Dios se recuperó en su totalidad. Sus hijos hasta la fecha siguen muy tristes por la pérdida de su padre cuando ellos estaban tan pequeños y constantemente se preguntan por qué tuvo que pasar eso.

Pasaron los años y no sabíamos nada de mis sobrinos y un gran día, yo le pedí a Dios que nos mandara señales de ellos e inmediatamente empezamos a saber un detalle y otro detalle y otro hasta que finalmente pudimos hablar, nos saludamos y nos vemos con la mayor de ellos con Lolita. Fuimos a nuestro pueblo a visitar las tumbas de mi padre y de su padre, mi hermano José. Fuimos 4 hermanas y hasta mariachi llevamos a sus tumbas.

En esos días que andábamos viajando para nuestro pueblo, pasó una coincidencia hermosa. Mi hermana Juanita iba a volar de Tijuana y al mismo vuelo mandaron a mi sobrina Lolita. Y tuvimos muy buena comunicación para que se reconocieran de acuerdo con la ropa que llevaban puesta. Y una vez que se reconocieron, se abrazaron y les tocó viajar juntas a Puerto Vallarta para luego estar todos reunidos y viajar a nuestro pueblo mágico Mascota, Jalisco.

Margarita. Por ser muy bajita todos la llamamos Chapis. Se vino muy chica a trabajar a Guaymas con nuestro hermano, me mandó regalar una carriola para que mi mamá se ayudara conmigo y yo le agradezco mucho, dice que no me conoció hasta que yo tenía 5 años, después se fue a trabajar a Estados Unidos. Aprendió muy bien el inglés. Y estuvo a punto de graduarse de maestra, solo que por una decepción amorosa dejó la escuela. Ahora de mayores, las dos tenemos una hermosa relación de hermanas, hemos vivido juntas cuando vivía nuestra madre y hoy vive con mi hijo y me encanta darle tiempo de calidad, le gusta jugar cartas o baraja y yo voy a jugar con ella. Le gusta andar descalza. Toma cerveza y fuma todos los días, dice que empezó desde los 14 años y afortunadamente está muy bien de salud. Tiene problemitas propios de su edad, pero la vemos fuerte todavía. Es muy amada por todos.

Juanita. También se vino muy chica a trabajar primero a Guaymas y luego a Estados Unidos. Y cuando me platica su historia también es digna de plasmarla en un libro. Ha superado muchas pruebas, pero hemos aprendido juntas que cuando superas todo lo adverso viene luego la recompensa. Gracias hermanita porque con tu ejemplo me has enseñado a no perder la fe, a seguir luchando y a levantar la cabeza. Porque somos unas reinas. Recuerdo que un día me corregiste porque yo les salude así. Hola mis princesas. Y tú dijiste: corrección. "Somos unas reinas" y esa observación me encantó porque es la verdad. Debemos de tener seguridad en nosotras mismas y valorarnos, saber que somos seres únicos y amarnos.

Me mencionaste un agradecimiento a mi persona por un dinerito que alguna ocasión yo te brindé y yo te respondí que eso es nada comparado con lo que tú me has ayudado a mi familia y a mí. Cuando veníamos de México a quedarnos y ahí estaban tú y tu esposo Juan para ayudarnos con nuestros dos pequeñitos que tuvieron en su casa mientras nosotros llegábamos, ese gesto de amor y solidaridad, siempre se los vamos a agradecer y muchas cosas más que hemos vivido juntas. Y que nos mantienen unidas como cuando Juan estuvo en el hospital, ya en su fase terminal y yo sin haberlo hecho antes empecé a orar por él y me venían las palabras con mucha facilidad y cuando terminé tú me agradeciste y me dijiste: "Gracias hermanita, qué hermoso oraste por Juan". Yo pienso que fuí iluminada por Dios para hacerlo porque yo no había orado así antes.

Mi niña, la mayor los quiere tanto que le llamaba mi mamá Juanita y mi papá Juan y aún se acuerda de eso y agradece también junto con nosotros. Mi niño José estaba de brazo y el no recuerda, pero también agradece porque le hemos platicado.

Cornelio. Mi hermano, que quedó casi en medio de las mujeres y que es el único varón que nos queda en la familia. Él tiene una historia muy hermosa que me recuerda al libro de Napoleón Gil de "Piense y hágase rico", el primer principio que es tener un deseo ardiente.

Me platica que cuando era niño se iba con mi papá a cultivar la tierra a una distancia como de 2 horas a caballo y un día de regreso miró en el camino, una parte de bicicleta y le dijo a mi papá: espere papá. Me voy a bajar del caballo y me voy a llevar esa parte porque yo voy a formar mi propia bicicleta con partes que me encuentre tiradas.

Que a mi padre se le partió el corazón de oír lo que su pequeño niño le decía y llegando al pueblo, le dijo. Vamos mi hijo, le voy a sacar su bicicleta y de las mejores. Le agarró la marca Raleigh con su amigo, que era el único que las vendía en esa época.

Ese principio del deseo ardiente ya lo hemos comprobado en mi familia, porque Dios, o el universo, o como cada persona lo quiera nombrar, ayuda y pone los medios para conseguir eso que tú tanto deseas. Ese deseo, ese pensamiento se materializa y se viene a hacer y a transformar el gran sueño en realidad.

Gracias, hermano, por esta gran enseñanza y por compartirlo con nosotros con tanto amor y agradecimiento a nuestro padre, somos compadres y nos queremos mucho. Les bautizamos a su niño César.

Tere. Mi hermana, que está en medio de todos los hermanos, hay 3 mayores que ella y 3 menores ha tenido que enfrentar varias situaciones de salud, incluyendo operaciones, pero cómo es una guerrera ya a salido victoriosa de todas las intervenciones gracias a la ayuda de Dios.

Es madre de 3 hijos propios y se ha ganado la admiración de todos porque adoptó cinco chiquitos junto con su esposo, que primero tuvieron siendo padres Foster (hogar que se reciben niños para cuidar). Se pone metas en la vida y las cumple y le digo yo que es mi líder y modelo para seguir.

Tiene un recuerdo hermoso de su niñez, dice que nuestro padre se iba fuera del pueblo a pelear sus gallos y cuando regresaba; cualquiera que fuera el resultado de victoria o derrota; traía sus bolsas de chamarra y pantalón llenas de calzoncitos para tantas hijas que tenía chiquitas. Es un recuerdo que nos llena de ternura porque nuestro padre fue un hombre muy cariñoso.

Somos comadres, me bautizaron a mi niña, la más pequeña. Y ahora de grandes estamos juntas en la industria de redes de mercadeo empresa GanoLife, siempre te voy a admirar porque logras lo que te propones. Hermana, lograste tu diamante.

Lupita. Muchas cosas hermosas que yo tengo que decir de tí. Te siento como segunda mamá, porque nos aconsejas y nos enseñas tanto. Y porque siempre te las ingenias para estar con nosotros en las buenas y en las no tan buenas. Me encantó lo que me platicas de nuestra infancia, lo que comíamos y como fuimos creados por nuestros amorosos padres, aquí está tu experiencia. Qué son las mias también:

Me dices que fuimos niñas felices, con unos padres muy cariñosos. Qué comíamos caldito de res los domingos y menudo los lunes. Todos los días desayunábamos un pedacito de carne asada con frijoles y chile de molcajete y café. Comíamos elotes de la huerta, mucha fruta como naranjas, arrayanes, mangos, aguacate, papaya y hortalizas como chile verde, jitomate y tomatillo. Todo fresco de casa, ejotes y calabacitas también.

Somos comadres, me bautizaron a mi niña de enmedio, Bertha. Mis hijos y ahora mis nietos te aman y te tienen mucho agradecimiento porque dicen que tus regalos les gustaban mucho porque venían cargados de ropa y ellos estrenaban y se sentían soñados y felices con buenas prendas de vestir.

Coco. Mi hermanita, la más cercana a mí, fuimos las que crecimos más juntas y hasta la fecha vivimos juntas. Hemos vivido muchas cosas hermosas y tristes también. Pero siempre la balanza se inclina a lo hermoso. Ella nos comparte desde su corazón algo que nos hace mucho reír. Dice que nos mandaban al carbón de leña para cocinar y era un balde grande y pesado cuando estaba lleno y ella, como era mayor, estudiaba cuales cuadras o bloques eran más largas para que me tocaran a mí y dice que hoy se arrepiente porque yo era chiquita y delgadita. Y ella más grande y llenita y me decía, ándale, hermana, te toca empezar a cargar a ti la cubeta. O me toca a mí empezar según el lugar a donde íbamos a comprarlo.

También me pedía prestados mis domingos o mis ahorritos y ya se iba olvidando poco a poco del pago. Así es de que hasta el día de hoy ya han ganado muchos intereses porque ya hace de esto su buen tiempo y lo recordamos con cariño y nos reímos de eso. Dice que yo desde pequeña ahorraba porque yo vendía fruta de nuestra huerta me subía a los árboles y los sacudía para que cayera la fruta, luego a juntarla y llevarla a vender.

Me recordaste que siendo niñas jugábamos a preparar nuestras propias cervezas. En botes ya vacíos les poníamos agua y limón y con las piernas cruzadas nos las tomábamos haciendo una boruquera y según nosotras hablábamos inglés. Hoy agradecemos al Señor por qué no nos intoxicamos con esas bebidas. También me cuentas que jugábamos a vestirnos de gala usando vestidos que mis hermanas dejaban cuando iban de Estados Unidos a visitarnos y nos poníamos zapatillas de tacón alto que también dejaban y caminábamos modelando como si fuera una pasarela. Si había también con qué, nos pintábamos la cara, decía mi papá que nos pintábamos como payasas. Aquí estamos los 7 que seguiremos juntos de por vida.

Esta pintura la mandé hacer para que agregaran a José que ya no está con nosotros y a Cornelio que no estuvo presente, mi mamá había sufrido un embolio muy fuerte y mi hermana Chapis la organizó la original.

CAPÍTULO 4

Adolescencia

Aquí tuve una época muy bonita, me tocó ir a la Secundaria tecnológica agropecuaria. Estaba enseguida de mi casa, se terminaba la propiedad de mi padre y la siguiente propiedad era la escuela. Aproximadamente 100 pasos míos. Y así llegaba a veces tarde, porque no me levantaba temprano, mi mamá me regañaba y no me dejaba ir hasta que me tomara un licuado. Nosotros le llamamos ponche y es leche con huevos y azúcar. A veces le agregaban plátano y yo como me iba corriendo, lo vomitaba en el camino. Y eso me hizo crecer débil, anémica y pálida, pero no me importaba y eso no me impidió pertenecer a todos los clubes que mi escuela ofrecía y estos eran:

Oratoria.
Basquetbol y voleibol.
Danza folklórica.
Y me enlisté también en la banda de guerra.
Tocaba el tambor.

Con todas estas actividades y desnutrida empecé a tener dolores de cabeza, migrañas, pero así continué con mis estudios, fue una época donde hice más sólido los pilares de amistad. Mis amigas de la primaria estaban conmigo en secundaria. Y es algo que yo he apreciado mucho y que sigo feliz de tenerlas como amigas. Y aunque algunas las veo y algunas otras se me han perdido, las he buscado afanosamente hasta poder encontrarlas. Afortunadamente las ando encontrando y pronto nos vamos a reunir.

Empiezo a desarrollarme y gracias a Dios que me da un cuerpo hermoso, muy bien formado y mis hermanas que vivían en Estados Unidos, me mandaban mi ropa así es que fui como centro de atención tanto en la escuela como en la calle y con mi familia. También me invitaban con ellas a pasar vacaciones de verano a USA. El bebé es mi sobrino Ricky Barba Topete.

En varias ocasiones me inyectaban vitaminas porque las necesitaba. Así crecí con una adolescencia feliz, me gradué a los 15 años de Secundaria y mis hermanas me querían hacer quinceañera, pero como ninguna de ellas tuvo fiesta, yo no acepté, no se me hacía justo. Y luego, después mi escuela organiza una excursión a México capital y con mi padre tan tradicional no me daba permiso, costó trabajo, pero al final me autorizó y me encantó todo, sobre todo las pirámides del Sol y de la luna, El Castillo de Chapultepec, Palacio de Gobierno. Y todo lo que pude gozar y disfrutar de esa excursión quedó grabada en mi corazón, porque fue mi primera salida fuera de mi casa y fue para conocer y aprender mucho de la historia de mi país.

También en esta edad se me invita a participar para candidata a reina de fiestas patrias, alcanzando el segundo lugar: de princesa. Fue una época muy linda porque, aunque no tuvimos los medios para comprar muchos votos, fue hermoso al ver a gente que me quería, trabajar en eventos para recaudar fondos: kermess, rifas y bailes. Hubo también donaciones y yo no les decía a mis hermanos que me ayudaran, ya que todos estaban en Estados Unidos y siento que si hubieran podido ayudarme para ver a su hermana llegar a reina. Tuve humildad y consideración para no hacerlos gastar su dinero y solo con lo recaudado nos fuimos, pero me disfruté lo logrado.

Fui muy poco noviera, aunque tuve muchos candidatos, pero le tuve mucho miedo a mi papá, que fue un hombre muy fuerte de carácter, en ese sentido fue muy gruñón y con fama de correrle los novios a mis hermanas hasta con pistola en mano cuando iban a pedirlas para casarse. No tuve esa confianza ni esa puerta abierta para hacerle saber a mi papá que quería llevar algún novio a la casa para que lo conocieran. Así es de que para evitar problemas y discusiones o regaños tuve que empezar a mentir diciéndole que iba a casa de alguna amiga y era ahí cuando yo aprovechaba para ver algún galán, pero nada importante para mí y además no faltaba quien me viera platicando con alguien e iban hasta mi casa a decirle a mi padre. Aquí en este pueblo todos nos conocíamos y pues le iban a platicar a mi papá lo que veían y mi papá me regañaba y me amenazaba que hasta me quería pegar con un cinto. Pero afortunadamente nunca lo hizo.

Crecí en esta época con miedo de tener amistades del sexo opuesto, por ese modo duro de mi padre y mi mamá fue diferente, pero también le tenía temor a mi papá y no se iba a poner de mi lado para estar en contra de él.

CAPÍTULO 5

Estudio Profesional Y Labor Docente

Cómo sentía yo una necesidad de rápido trabajar me fui a la escuela. Quería ayudar a mis padres lo más pronto posible y entré al colegio Morelos para estudiar de secretaria porque supe que eran dos años. Y ya salía lista para trabajar. Todo mi grupo de amigas se va a la normal superior para profesores. Y me invitan y me cuentan bonito, que son 3 años como en el colegio, porque en eso nos hacen una reunión y nos dicen que para secretaria tenían ya que ser 3 años porque acababan de aumentar un año más. Convenzo a mi papá de que me deje cambiar a la normal y me autoriza, y cuando llegó ahí me entero de que son 4 años. Mis amigas para llevarme con ellas me dijeron que eran solo 3 años en la normal para profesores, pero en realidad eran 4.

Cuando me doy cuenta, otra vez voy con mi papá y le pido autorización para que me deje regresar al colegio. Y mi papá me regaña y me dicen no, porque esto no es un juego, te me quedas ahí y eso hice y fue muy hermoso porque ya estaba ahí mi destino y todo mi futuro, lo que a mí me encantaba hacer. Era estar en contacto con pequeñitos para poderlos ayudar a guiar su vida.

Cada año de mi instrucción académica era muy difícil para mí porque seguía enferma de debilidad con migrañas y me tenían que inyectar vitaminas y en algunas ocasiones en mi propia casa me conectaban un suero.

Y ahí también empiezo mi época de noviera, pero gracias a Dios que nada de importancia, solo novios pasajeros hasta que mi penúltimo año de normal que fue cuando me fui a dar mi servicio social al Cimarron Grande Municipio de Mascota y es ahí donde conozco a mi actual y único esposo.

En esta época tuve tiempos difíciles para transportarme al rancho, era a caballo 5 horas o caminando 5 o 6 horas, en carro eran dos horas, pero casi no había carro disponible porque el camino se dañaba por las lluvias y por derrumbes. Mi papá se llegó a molestar con las personas de la comunidad porque me llevaban a pie. Y él les dijo: proporciónenle un caballo a mi hija y yo lo pago, pero no me la vuelvan a traer caminando o si no ya no vuelve a su rancho.

Hice una labor muy linda con los niños de ahí y de las comunidades cercanas en la escuela rural.

Cómo eran pocos niños y de todas las edades, cada uno merecía trato y tiempo especial. También hice alfabetización. Y enseñe a las mujeres a tejer. Conseguí mesabancos del colegio Morelos (los que iban dehechando) porque mis niñitos estaban sentándose en el piso.

Cuando se acerca el momento de graduarme y de hacer mi examen professional en Guadalajara yo empiezo a perder mucho peso y a mancharme de entre medio de los dedos de mis manos, me salió paño o manchas de color oscuro.

Yo le temía mucho a mi examen profesional y sin fundamento, porque me fué tan bien que cada uno de mis 3 evaluadores me dieron 10 +10 + 10 y mención de honor.

Les impactó mucho el hecho de una historia que les llevé y con la evidencia. Les platiqué que una mañana mis niños estaban abrazados de mí y llorando porque en la humilde escuelita hecha de tablas y techo de lámina de carton y sin piso, poco antes de salir, arriba en el techo y cerca de mi pizarrón, estaba una serpiente como de 60 cm escondida, pero la vió uno de mis niños y cuando me advirtió, los más pequeños empezaron a llorar y a buscar mi protección y afortunadamente pasa la mujer más mayor del lugar como de 80 años y se llamaba Silveria. Cortó una vara y la azotó hasta matarla y yo me la llevé y la puse en un frasco de vidrio con alcohol y cuando me fui a mi examen profesional me la llevé a Guadalajara, la capital del Estado, y no fue hasta que uno de mis maestros del jurado me dijo: "Qué lastima que no la podamos ver" y yo le dije, si se las traje y me dijeron métela al salón y les pedí a mi familia que estaba afuera esperando, que me la dieran y metí ese frasco de vidrio con alcohol y al ver al reptil se admiraron de la hazaña y yo creo que por eso me evaluaron tan bien y con mención honorífica.

En mi baile de graduación sucede algo hermoso y mi hermana me sugirió que lo mencione aquí. Fue en el mejor salón de eventos de mi pueblo y todo era muy elegante, la mayoría de los hombres con traje y las mujeres vestidas de gala. De repente me hablan a la puerta porque mi novio Fermín, hoy mi esposo había olvidado su boleto de entrada y no lo dejaban pasar. Y lo pasé yo ya que me preguntaron si era mi invitado y les dije que si y aunque su ropa era normal y muy limpia, él llevaba puestos sus huaraches de correas, cosa que mi compadre y cuñado Hector admiró mucho este gesto de amor de que yo no lo hiciera menos y mostrara aceptación y nos fuimos a bailar al centro de la pista.

Yo he aprendido que lo bello de una persona no está por fuera ni a la vista, está en su interior, en sus sentimientos y en sus valores.

Habiéndome graduado para ser maestra de educación primaria, se nos envía una convocatoria de la Secretaría de Educación Pública. Qué necesitan educadoras y que, si tomábamos un curso intensivo en la capital del

Estado, nos iban a certificar como educadoras y me lancé a tomarlo porque ahí en Guadalajara vivía mi media hermana Lola y yo me fui a tomar mi curso, ahí conviví mucho con mis sobrinos Chelito, Javier y Nacho.

Hubo dos plazas muy atractivas, una era en mí mismo pueblo y otra como a media hora de mi casa. Todo se decidió por un volado entre otra amiga, que es mi prima y yo. Arrojaron una moneda al aire y gané la posición en mi pueblo natal, cosa increíble pero cierta. Cada maestro debe empezar en el medio rural y durante años permanece así. Luego poco a poco lo van acercando a su lugar de origen y yo muy bendecida, empecé de educadora con niños de 3 a 5 años en mi propio Mascota en el Jardín de Niños. Ejercí por 5 años y fui muy feliz ahí. Tuve un excelente equipo de trabajo, hermosa relación con mis compañeras y nuestra directora Gaby Covarrubias.

De mis primeros cheques decidí hacerles un baño de regadera y escusado dentro de casa, ya que nos bañábamos afuera con cubetas y calentando agua y para hacer nuestras necesidades, era un baño de letrina con asiento de madera grande para adulto y otro pequeño para niños, pero estaba muy feo y casi lleno y maloliente.

Cuando decidí construirle su baño le puse todo de lo mejor, agua caliente, de día y de noche, sobre todo para mi padre, que fue muy friolento. Ese tiempo que trabajé fue con mucho placer para darles casi todo mi sueldo a mis viejitos, yo dejaba muy poco para mí. Mi padre, feliz con su capitalito que yo le daba y mi madre igual gozando de su dinero.

Cuenta mi hermana que cuando fue a visitarnos de Estados Unidos, que iba mi mamá a encargar algo del supermercado. Y que mi hermana le ofreció dinero y mi madre le contestó asi:

No, mija, mira esto: desde que mi hija Bertha trabaja, yo tengo mi carterita llena de dinero. Eso me dió mucha satisfacción y deseos de seguirlos ayudando a mis viejitos que tanto me dieron a mí. Otro punto, hermoso a tocar es que con mi empleo tuve el ISSSTE, que significa: Instituto de Seguridad social al servicio de Trabajadores del Estado y ahí operaron a mi papá de su próstata y quedó muy bien; mi hermano Ignacio, que había ido de Estados Unidos para estar presente en la operación de mi padre, quedó impresionado por el hospital tan grande y hermoso. Y me dijo: oye, hermana, este hospital no le pide nada a ninguno de ninguna parte porque está grande y muy bien equipado y aparte la atención que nuestro padre está recibiendo es de primera.

También mi primera hija nació ahí y tanto ella como yo estamos felices de que así sucediera y cuando puede y pasa por Zapopan, Jalisco, va para visitar el lugar de su nacimiento. Me dió mucho gusto y honor haber aportado algo bueno a la comunidad, cuando presté mis servicios en mi pueblo amado, quise mucho a mis estudiantes y siento que ellos a mí también. Fueron 5 años muy felices de mi vida, pero por razones superiores a mi voluntad ya no pude continuar y aquí más adelante explico con lujo de detalles la razón tan poderosa por la que ya no continúe en mi amada profesión.

Una profesión que con mucho sacrificio yo pude completar y aquí menciono un agradecimiento a mi amiga que me ayudó con lo económico para poder estudiar.

Reconocimiento total a mi amiga Lupe, que conocí cuando empezábamos la normal para profesores. Yo le mencioné que no podía comprar ningún libro porque no teníamos solvencia económica y qué porque eran muy caros y me dijo. No te preocupes, amiga, mi mamá agarró el negocio de los pollos para agregarlo a la carnicería y así ayudarme y ayudar a mis hermanas que la mayoría de ellas estaba estudiando también para maestras. Eso me encantó, yo me iba a ayudarles para corresponder un poco el que me permitieran usar los libros y poder cumplir con mis tareas. Empezábamos matándolos, luego pelarlos y al último limpiarlos de adentro para llevarlos al expendio y tenerlos listos para la venta. Fue así como yo pude estudiar y no quedarme atrás por falta de estos valiosos libros. Por eso, externo mi agradecimiento a mi gran amiga Lupe y a su mamá por darme esta gran ayuda y permitirme lograr este sueño de convertirme en maestra. Como me enseñó mi padre, cuido y valoro mucho mis amistades, somos comadres, nos queremos mucho y cuando visito mi Mascota y Puerto Vallarta llego con mucho gusto a sus casas y de mi compadre Nino que nos las ofrecen con gran cariño y son excelentes anfitriones. Espero sigamos esta linda relación de amistad por siempre. Somos comadres también, le bautizamos a Karlita.

CAPÍTULO 6

Mi Matrimonio
1982 E Hijos

Cuando me voy a hacer mi servicio social, al Cimarron Grande, municipio de Mascota, Jalisco. Y llego a la casa del comisario de la comunidad, el señor Macario Saldaña. Dijeron que a él le correspondía darme hospedaje y comida y así lo hizo. Él me recibió con los brazos abiertos.

Ahí vivía su hija Lidia con 6 hermosos niños y su hijo Fermín, que yo lo vi alto, guapo y soltero. Ahí nace el flechazo del cupido. Me llamó poderosamente su sencillez, como él me hablaba, sin mucha galantería ni palabras rebuscadas. Y todo lo decía directo y preciso. Ejemplo de eso es esta historia que a todos les ha gustado.

Un día me subí al tapanco y me senté en la puerta para admirar el paisaje hermoso de campos sembrados y cerros muy verdes, en eso llega él y me mira y me dice. Oiga profe que está haciendo allá, trepada, bájese ya, parece zorra. Yo me quedé sorprendida porque hasta con zorra me comparó, pero no me molesté ni lo tomé a mal, al contrario, empecé a conocer que esa iba a ser su manera de ser galante conmigo. Y, a decir verdad, me gustó.

Fermín se dirigía a mí y me hablaba de usted y pasado el tiempo se me declaró así. Profe quiere usted ser mi novia y yo le contesté, hay Fermín, no, yo ya tengo novia y él me dijo. Eso a mí no me interesa si usted decide darme el sí, usted va a arreglar su otro asunto y le doy unas 2 o 3 semanas y me contesta.

Yo arreglé mi otro asunto porque no era nada serio y así lo evaluaba yo sin futuro. Di por finalizada esa relación y le dí el sí a Fermín que ya me había encantado su manera de ser y sentía yo ese sentimiento hermoso que es el amor.

Tuve oportunidad de convivir con su familia, don Maca era un ser muy agradable y preparado, me gustaba mucho cómo se expresaba un día, nos dijo así. "Qué hermosa está la atmósfera". Me dijo que él si había ido unos años a la escuela. Cuando venían al pueblo yo les ofrecí que llegaran a la casa con mi padre y madre, y así lo hicieron, fueron grandes amigos y mi padre los quiso mucho a don Maca y familia. Una amiga de familia Chayito que queremos mucho y es cuñada de mi hermana Tere, me dijo esto que de verdad yo no había ni siquiera notado porque yo lo hacía de corazón.

Una vez que vino don Maca al pueblo le dije: Cuando se bañe me da su ropa para lavársela. Y esta amiga que estaba de visita me dijo: Berthita, te me hiciste tan bonita que bien vestida y con tus tacones y lavándole la camiseta a tu suegro a mano y con cariño y nada de escrupulosa o haciendo mala cara. Y, claro que una camiseta blanca en un hombre que suda y trabaja en el campo se le va a notar más lo sucio. Nos tuvimos mucho cariño y estas palabras las conservo para mí cuando él me dijo, Berthita yo te agradezco lo bien que me tratas y por tu cariño y yo te quiero como a una hija más. Aquí está con parte de sus hijos cuando vino a visitarnos a USA.

También con su hija Lidia me llevé lo mejor que pude convivimos y nos tocó vivir muchas cosas juntas, me tocó verle niños recién nacidos y hasta comadre de mi mamá se hizo.

Algunos de sus niños yo les di clases y así pasó el tiempo, Fermín y yo tuvimos un noviazgo de mas de 2 años. Luego le hicimos un encargo a la cigüeña. Apresuró nuestro casamiento el hecho de que mi único hermano nos invitara a ser padrinos de bautizo de su hijo y cuando le mencioné a mi padre, dijo: yo no te dejo ir a Estados Unidos si es que antes no te casas.

Entonces, rápidamente gestionamos el que fueran a pedir mi mano, fueron mi suegro y un primo hermano de mi esposo, al que quería mucho mi papá. Y cuando le dijeron que queríamos casarnos para venir a bautizar hasta este país. Dijo, sí doy mi consentimiento y vayan inmediatamente avisar para que corran amonestaciones y alcancen a casarlos para la fecha que quieren viajar.

Así lo hicimos y nos mandaron a clases prematrimoniales, cosa que agradezco mucho y altamente las recomiendo. Las ofrecen matrimonios que ya tienen muchos años de casados y lo que más se me grabó fue nunca ir a dormir sin arreglar diferencias, que a una pareja joven le pasó algo feo de que sintieron que una mano muy fría tocó sus espaldas de cada uno y sintieron temor. Y cuando se voltearon a preguntarse si entre ellos se habían tocado y comprobaron que no, se abrazaron y se perdonaron, y pensaron que tal vez era el enemigo malo que se había acomodado en medio de ellos. Desde entonces yo no me voy a la cama enojada y a mi familia y amistades les comparto para que lo implementen en su vida. Sirvió mucho que mi hermano nos invitara porque así pudimos cumplir con dos grandes sacramentos que son matrimonio y bautizo y de paso una luna de miel en Estados Unidos.

Así fué que nos casamos en julio de 1982, aun con mucha oposición de familia y amistades, porque decían que yo tan preparada como me iba a unir a un hombre que no tuvo estudio solo a segundo año de primaria llegó. Decían que las maestras bajan de la Sierra con su ranchero y no me molestaban esos comentarios porque Fermín tenía otro mejor. Y agradeciendo a lo divino. Él decía así: "Que conste, Bertha que Dios te mandó derechito hasta mi casa, yo estaba a gusto y tranquilo y ahí me llegaste tú como enviada del cielo".

También me decían que era muy mayor que yo y solamente me lleva 8 años. Y ante todo pronóstico de las personas, fueran bien o mal intencionadas y que decían que eso no iba a funcionar hasta el día de hoy ya tenemos 38 años de casados. Cuando hay amor, todo lo demás se supera y aunque hemos pasado por pruebas duras seguimos firmes y fuertes y muy agradecidos por tener nuestros hijos y nietos.

Nuestra gente de ambas familias nos acompañó como padrinos y mi amiga Lupe que nos conocemos desde la Escuela Normal para profesores. También nos puso el lazo junto con su hermano, mi padrino Toño.

Hicimos una boda muy bonita en nuestro Mascota y la tornaboda en el rancho Cimarron. Fermín escogió entre el ganado, un becerro y lo hicieron barbacoa bajo tierra.

Ha sido un matrimonio a prueba de muchas cosas y hemos decidido que será para toda la vida. Aquí sí, como dice uno al casarse hasta que la muerte nos separe, porque hemos tenido la madurez y la fortaleza que sólo Dios dá para solucionar y superar juntos lo que venga.

Teniendo mi esposo, su propia casa en mi pueblo, él y yo llegamos al acuerdo de que yo quería seguir viviendo con mis padres porque ya estaban mayores y yo quería estar al pendiente de ellos. Y ellos a su vez así le sugirieron a Fermín lo mismo porque yo era muy nerviosa y no podía estar sola en mi propia casa. Y digo sola porque Fermín me dijo al casarnos que deseaba seguir ayudando y apoyando a su papá, que ya estaba mayor y no podía solo con los animales y las labores del campo. Nuestra sobrina Tita con nosotros.

El trato era la semana irse y solo verme los fines de semana. Y acepté y nos separaban dos horas de camino en carro, 5 horas a caballo o caminando. No siempre había camino para carro. Estando recién casados esta separación, me dolía mucho y lágrimas me costó. Pero por amor y consideración a nuestros padres y a mi profesión de maestra, seguimos así.

Luego nace nuestra pequeñita, que vino a traernos más amor y felicidad a todos en 1983. Y nuestro varoncito en 1986.

Yo trabajando en mi profesión amada y al cuidado de mis tesoros. Seguía esperando a Fermín los fines de semana y al verlo partir el lunes al rancho sí fue pesado para los dos. Pero seguíamos manteniendo nos fuertes porque nuestros viejitos necesitaban de ese apoyo.

Cuando mi niña creció y pudo hablar, lloraba mucho al ver irse a su papá. Una vez le tocó a mi hermana, que estuvo allá con nosotros unos días, verla llorar y pedir por su papá y me dijo: Bertha se me parte mi corazón de oírla llorar tan triste, vamos rentando un carro y que nos lleve para que lo vea y esté un rato con él. Pero no era tan fácil porque el camino se ponía muy feo y de subida. Y algunos carros no podían subir, así es de que nos esperamos hasta que él viniera. No teníamos manera de comunicarnos por qué no había celulares y hasta que alguien fuera o viniera, podíamos saber uno del otro.

Había también viajes entre semana cuando alguien se enfermaba o tenían algo de urgencia que hacer en el pueblo. Mi esposo los llevaba, pero hacía todo lo posible para regresarse pronto para que su papá no hiciera solo las labores pesadas de un rancho. Mi suegro ya no podía ordeñar ni andar exponiéndose con los animales que si eran bastantes.

Mi esposo era el único flete que comunicaba el rancho y el pueblo y muchas personas necesitaban de él, gracias a una camioneta que le regaló su hermano Chano podía ofrecer ese servicio y como yo también lloraba a veces, entonces me ofrecía a llevarme con él, a llevar a las personas al rancho y otro día madrugar para regresarme al pueblo. Para mi trabajo como educadora.

Tiempo también muy feliz de mi vida, yo tenía una muchachita que me ayudaba con cuidarme a mi niña y lavarle su ropita mientras yo trabajaba. Mi mamá y mi papá la supervisaban. Mi horario era de 9 de la mañana a 12. Y nuestros grupos de niños pequeñitos y adorables a esa edad son muy amorosos y como somos las primeras personas que ven cuando se despegan de las mamás, entonces nos demuestran mucho cariño y son muy apegados a nosotros.

Me consideré muy afortunada y bendecida con poder hacer lo que yo amaba.

Haz lo que amas.

Ama lo que haces.

Tengo un agradecimiento especial a la familia Saldaña que nos han apoyado tanto. Y yo he escuchado mucho este dicho y me gusta porque es la verdad y dice así. Si te vas a casar por amor, debes aceptar a tu pareja con todo y paquete. Porque no viene solo y yo los acepté con los brazos abiertos y con mucho cariño a todos.

Orgullosamente quiero mencionar que he hecho todo lo que está de mi parte porque estemos lo mejor que se pueda con su familia de mi esposo que ya es la mía también. Cuando podemos nos reunimos y convivimos y algunas de mis cuñadas son mis comadres y a todos por igual, los quiero mucho. Aquí mi sobrina Eveleen nos invitó y reunió a la mayoría de sus tíos, solo Tilde y Lidia faltaron, en un lugar paradisíaco de Puerto Vallarta a su hermosa boda de ensueño. Para todos fue hermoso porque estuvimos en un precioso lugar y acompañamos a nuestra princesa en su sueño de amor.

Asimismo, a todos mis sobrinos y a Ricky, hijo de mi comadre Cele le debemos el haber comprado la primera propiedad porque él le firmó como segundo comprador a Fermín. Muchas gracias, Ricky, siempre te lo vamos a agradecer. Otra historia de amor es cuando mi suegro falleció mi esposo me dijo. Bertha no voy a poder ir, solo mandaré dinero para que se ayuden a los gastos. Y yo le dije, de ninguna manera, yo quiero que vayas para allá, a acompañar a tu papá en su último momento y así lo hizo, se fue y cuando llegó de regreso me agradeció mucho porque eso lo hizo sentir muy bien. Y estuvieron todos juntos, los que pudieron asistir muy satisfechos de cumplir con su papá hasta lo último y así corresponder a todo lo que él les pudo ofrecer que fue mucho. Primero, darles la vida, crearlos educándolos como cada uno aceptó porque mi esposo dice que le dijo a su papá: "A mí no me gusta la escuela sáqueme, lléveme a labrar la tierra". Y así lo hizo. Y su papá siguió aconsejándolos y guiándolos porque enviudó y él lo hacía solo como él pudo.

Fruto de nuestra unión:

Dios nos dio la bendición de tener una descendencia hermosa y estamos felices y agradecidos por esos 4 hijos y 7 nietos.

Norma Leticia, la mayor. Está hoy felizmente casada con un gran hombre que queremos como a un hijo, que siempre esta enfocado en darles lo mejor y ha hecho sus buenas mejoras remodelando su casa. Tiene dos hermosas hijas, la mayor Dalilah a estado en clases avanzadas con muchos certificados de reconocimiento y es cadete en su escuela. Yo le pago por cada A, un precio y por B un poco menos, pero junta su buen dinero conmigo y Viviana, de 2 añitos, ya sabe orar y le encanta la canción Guadalajara. Se llevan 12 años de diferencia. Mi hija, cómo es la mayor, sabe que va al frente de todos y se esmera y hace lo mejor que humanamente puede para ser la gran líder y guia para sus hermanos.

Orgullosamente se graduó del colegio y en su vida espiritual, está muy bien, ha recibido varios acontecimientos y señales que le hacen saber que Dios escucha sus pedimentos y qué le manda respuesta, como fue mandarle a su niñita. Tiene tiempo de tener buena relación con el Señor y está llena de fe.

José Fermín. Nuestro único varón. Con grandes valores y muy buenos sentimientos. Con su esposa Julie que queremos como una hija porque nos ha ayudado mucho sobre todo con la tecnología y trámites, ha trabajado en oficina, luego en casa y hoy decidió dejar el trabajo para ayudar a sus niños en la escuela virtual y que tienen ya su parejita.

Joceline es linda y estudiosa con varios certificados y muy amorosa, siempre dispuesta a ayudarnos es muy noble y ama a los animales.

José Fermín, el que prolongará el apellido Saldaña es muy inteligente y ha plantado nísperos y aguacates. Y con muy buena mano se le han desarrollado grandes y frondosos y le encanta ver su siembra. Me gusta mucho cómo agradece mi hijo porque pone en primer lugar a Dios, ejemplo: un día nos avisó en un texto y así escribió. "Gracias a Dios ya regresamos". Yo noté eso y se lo hice saber para que siga igual porque pudo haber dicho de otra manera y no lo hizo. Eso me llenó de felicidad porque poner a Dios como prioridad y de él salió, me demuestra que van por el mejor camino en su vida.

José y Julie tuvieron un detallazo para nosotros y es digno de mencionarse porque han sido ya y seguirán siendo ejemplo para nuestra juventud. Un día llegaron a casa y nos dijeron: papá y mamá, aquí les traemos esto en agradecimiento a lo que han hecho por nosotros. Se metieron la mano a la bolsa y sacaron dos juegos de llaves de un Mercedes Benz.

Salimos a verlo como niños y con lágrimas de emoción nos subimos y abrimos el quemacocos y yo sacaba mi cabeza por ahí, fue una gran sorpresa y un gran gesto de amor que durará en nuestros corazones. Y el profundo agradecimiento que cada que lo manejamos les mandamos bendiciones. Y afortunadamente ya casi se paga en su totalidad.

Yo había decretado que tendría un Mercedes ese año y puertas y puertas se cerraban, no lo podíamos sacar. Pero Dios tuvo la última palabra y les abrió el camino a ustedes para que ustedes nos dieran este gran placer. Muchas gracias, mis amores. También esos proyectos de mejora en su propiedad que han hecho les han quedado muy bien y los admiramos por eso porque se lo proponen y lo logran, paso a pasito.

Mi hijo tiene un gran don de dar amor y servicio a los demás. Y cómo es el varón de la familia lo veo comprometido y lo ha expresado así. Que siempre va a estar para ayudar a todos sus seres queridos cuando así se requiera.

Sacaste tu estudio y te graduaste para trabajar aplicando lo aprendido y adquiriendo más destrezas para escalar posiciones y estar en constante mejora, y lo practicaste muy bien en tu casa con ese cerco hermoso y moderno que le hiciste en tus momentos libres y que te lo elogiamos propios y extraños porque está súper.

Bertha Margarita con un solo hijo llamado Jayden es con la que vivimos porque así ella nos lo pidió. Es la que más necesitaba de nosotros porque por mucho tiempo enfrentó problemas de ansiedad y depresión. Hoy, gracias a Dios, lo ha superado con ayuda profesional, apoyo y amor de toda la familia.

Lucha por ella y su pequeño, que le gusta orar y cantar alabanzas conmigo. A este niñito lo consideramos un milagro porque hubo muchas complicaciones en el embarazo.

Es la que trabaja más cerca de casa, como a 3 minutos. Y viene en su descanso a comer y a vernos para ver cómo estamos.

Ahora ya nos apoya cuando nos ve que bajamos la autoestima, ella nos da consejos de fortaleza. Aprendió en sus terapias y después en su trabajo, porque como le ofrecían posición más alta tambien le dieron clases de liderazgo y relaciones interpersonales. Me regaló su libreta de notas y me ha ayudado mucho. tambien cuando es necesario, nos aconseja o nos da su opinión, como cree ella que nos funcione mejor.

Esto nos demuestra que sí se puede salir adelante, no importa por lo que haya uno pasado, se puede superar y sanar.

Elizabeth, nuestra más chiquita. Tiene dos niñas.

Alena linda adolescente, le encanta bailar siempre con una sonrisa, hace deporte en su bicicleta, skateboard y le gusta cocinar.

Aubrey de 3 años preciosa que también baila, amorosa y demostrativa, carga con ella dos o tres juguetes cada que vamos a salir.

Las tenemos mi esposo y yo. Y a las dos las entrenamos para usar el baño desde pequeñas, porque mi hija es una guerrera y ha luchado incansable para abrirse paso en la vida y lo ha logrado porque la fuerza se la dan sus pequeñas. Ahora tiene la recompensa de un buen trabajo. Pero trabajó donde fuera y hubiera sin importar horarios, lugar o actividad, ni siquiera inclemencia del tiempo, porque ha estado dispuesta y sin quejarse. Aprovecha sus descansos para salir con sus niñas a paseos o simplemente a las tiendas. Es una mujer admirable, gran ejemplo de lucha, buena amiga, madre, hija y hermana, siempre dispuesta a ayudar cuando alguien necesita. Siempre está ahí para nosotros.

Te amamos y valoramos todo lo que haces en beneficio a tu familia. Me gusta mucho escucharte cuando me dices que tú quieres tener más acercamiento con Dios para que tus niñas aprendan también. Siempre muestras positivismo y voy a recordar con cariño esto que te gustó y me lo compartiste.

Yo quiero.

Yo puedo.

Y yo lo voy a lograr.

Y también me dijiste este otro.

Trabajar duro por algo que no nos interesa se llama estrés.

Trabajar duro por algo que amamos se llama pasión.

Gracias mi princesa lo aplico a mi vida diaria y me han beneficiado mucho.

Hemos aprendido todos juntos que el amor y la comunicación es la base de vivir bien y en armonía y hemos implementado unas reuniones semanales. Dónde comemos algo que entre todos decidimos y luego hablamos de los logros obtenidos, los sueños y metas que tenemos y una que otra historia cómica que nos haga reír para darnos terapia y dejar salir el estrés.

Cada uno aporta algo o decide qué dinámica llevaremos. Hemos visto vídeos, platicar de algo positivo e inclusive alguna notificación subida por familiares o amigos en redes sociales. Pero aportarnos algo bueno a nuestras vidas es lo que hacemos siempre.

Por lo que estamos viviendo en esta época del coronavirus ya no nos podemos reunir. Pero pronto, primeramente, volveremos a retomar esta linda costumbre del domingo que dedicamos primero a Dios, y luego a la familia.

Me gusta que repasemos.

Porque agradecemos 3 veces.

También lo de la Santísima Trinidad.

El padre, el hijo y el Espíritu Santo.

Y también repaso de libros de superación personal que nos han dado grandes logros y satisfacciones y que a todos nos han ayudado. Seguí paso a paso el libro de "Piense y hágase rico"; tuve un "Proyecto Agresivo" cuyo plazo era para dos años y se nos realizó en uno, con mas beneficio de lo que pedía para mi familia y eso nos llenó de amor y agradecimiento. Les recomiendo también buenos libros y les pido a ellos que a su vez, hagan lo mismo por mi.

Me encantó el libro El rinoceronte porque menciona La Biblia que es el mejor libro para leer y aprender.

Lo que más le gustaba a mi hijo, pero a mis hijas no, era a leer y desglosar unas tarjetitas que les hice del libro La culpa es de la vaca, con anécdotas, parábolas, fábulas y reflexiones. Con gran enseñanza de valores, principios y desarrollo personal. Mi hijo hacía enojar a mis hijas diciéndome: "mamá, saque sus tarjetas para aprender y jugar" y mis hijas le decían, no Che, no le recuerdes, por favor.

En una ocasión leí que que hijos le dejas a la humanidad y yo, puedo decir y con mucho orgullo que dejamos mi esposo y yo muy buenos hijos con un gran corazón y que les encanta servir.

Todos han ido escalando posiciones en sus trabajos. Y todos desarrollan ya trabajo en oficina, pero empezaron como todo mundo con gran esfuerzo físico y desde abajo.

Ellos saben que son muy valiosos seres humanos que se amen y respeten y hagan lo mismo por los demás.

Esta foto la considero un sueño hecho realidad porque inicié con el proyecto desde que eran 6 y Dios permitió que se captara cuando fueran 7 nuestros nietos.

CAPÍTULO 7

La Muerte De Mi Padre Y Llegada A Estados Unidos

A estas fechas ya teníamos nuestros dos pequeños hijos, Norma Lety, de casi 4 años, y José Fermín, de 8 meses.

Mi padre, que ya tenía 88 años, se empieza a sentir mal del corazón y el 3 de junio le da un infarto que al día siguiente y van a ver qué tan fuerte le había dado, ya tenía cita médica para el estudio por la tarde. Pero no alcanzó porque antes de mediodía le repitió otro y este sí fue fulminante.

Cuando mi madre me avisa por teléfono a mi jardín de niños me habla mi directora y al oír a mi mamá que me decía. Vente, hija, tu papá está muy grave. Yo dejé el auricular y corrí a la calle, cuentan que mis niños corrían detrás de mí y mis compañeras maestras tuvieron que alcanzarlos para regresarlos al salón.

Y yo en el camino a mi casa encontraba amistades y me decían, maestra: ¿qué pasa? Y yo les decía, mi papá se me está muriendo y seguía corriendo con zapatos de tacón. Cuando llegué lo encontré acostado y como luchando tal vez con la muerte, porque movía mucho sus manos. Yo lo abracé y le grité, no me deje papá. Yo lo quiero conmigo. Y parece que me escuchaba porque lo pude ver sus lágrimas que le corrían por las colitas de sus ojos. A mi papá le dio un ataque cardiaco y derrame cerebral un día antes le dió uno porque, dijo el doctor que debajo de su lengua había derrame en los vasos sanguíneos y lo iban a evaluar como a las 4:00 de la tarde. Para ver qué tan fuerte le había dado. Y ya no fue posible porque le repitió otro entre las 11 y 12 de la mañana.

Dice mi niña Norma y su amiguito Emilio, el hijo de mi amiga que estaban en mi kinder con nosotros y que cuando ya no me encontraron, dijeron, sabe qué pasó con mi mamá, que corrió como loquita.

Eso vino a traerme mucho dolor, lo vimos partir mi madre y mi medio hermano Chon, y yo.

Mis pobres hermanos, que vivían unos fuera del país y otros en el país, llegaron después sólo al servicio de velación y funeral. Yo me enfermé de depresión y estrés y como estaba dando pecho, ya no le di a mi niño, pero él solito se me prendió a comer estando yo dormida y se me enfermo de diarrea muy fuerte, yo no atendía tanto a mis niños por la tristeza de la pérdida. Y mis hermanas y mi mamá me ayudaban con ellos.

Tuvimos reunión familiar y mis hermanas me invitaban a vivir a Estados Unidos y traernos a nuestra madre con nosotros, porque ellas me decían que no querían que pasara lo que pasó con nuestro padre, que lo perdimos. Y que ellas, por estar lejos, no lo vieron sus últimos momentos. Yo no me atrevía a dar ese gran paso y respondía que no porque no me visualizaba y no tenía valor de un cambio tan grande para mi familia.

No fue hasta cuando el doctor habló con mi esposo y le dijo que tenía que alejarme un tiempo del área donde yo convivía con mi padre, que por eso era lo que me tenía recordando y sin poder sanar la herida, viendo donde él comía, donde se sentaba y donde dormía, etcétera. Que para eso tenía que retirarme de la casa.

Fue entonces cuando me invitó a Estados Unidos y acepté. Pedí un permiso de 6 meses en mi trabajo. En la Secretaría de Educación Pública y me lo dieron y nos venimos con mamá y niños. Cuando se llega al término de regresar me entra miedo de volver y no encontrar a mi padre vivo. Y no quise regresar, sentía que no estaba lo suficientemente fuerte para volver y mandé mi renuncia y decido junto con mi esposo y familia quedarme a residir permanentemente en Estados Unidos. Mi esposo me apoyó en todo lo que yo le externaba y decidió también que nos quedáramos. Así estaban mis hijos de chiquitos cuando llegamos a USA y nos acompaña nuestro ahijado César.

Para entonces ya no tuvo que dejar a su papá solo con las labores del rancho. Porque ya estaba su hijo Chico con él. Y Chico cuando estuvo en Estados Unidos dejó un carro que le regaló a Fermin y se lo arregló su hermano Chano porque es un gran mecánico.

Venir de un país a otro repentinamente y para estar, tuvimos que empezar de cero viviendo con hermanos y mi mamá conmigo siempre. Nos nace la tercera hija primero y después nos independizamos para vivir en un lugar acondicionado y nos nace nuestra última niña, Elizabeth, en 1991 y fue cuando compramos nuestra primera propiedad. Un condominio de 3 recamaras, baño y medio y segunda planta. Era su palacio para nuestros hijos, me platican que fueron hermosos momentos que vivieron ahí. Se nos hizo una vecindad hermosa porque otros dos hermanos de Fermín vivían ahí, de hecho, el más joven de ellos, Saul fue el que nos invitó a comprar porque ellos ya habían adquirido uno.

También vivían ahí de vecinos con nosotros, otros amigos de Fermín y de nuestro Mascota Jalisco. Pues siendo así todos nos conocíamos, nos ayudábamos y no celebrábamos juntos muchas fechas de conmemorar. A la fecha de hoy esta propiedad ya no es nuestra, la vendimos

Después adquirimos otra casa con 4 recámaras y muy linda. Una sola planta con lugar apropiado para que mi mamá plantara sus rosales y árboles frutales que hasta la fecha están y gozamos de ellos.

Mi padre en vida nos heredó a 14 hijos vivos que estábamos, cosa que muy pocos padres hacen. Ya nuestros dos hermanos, Federico y José, habían fallecido, ambos eran los mayores, o primogénitos de sus dos familias de mi papá.

Cuando vendimos la propiedad que nos dejó nuestro padre a todos los hermanos menores de la familia de mi mamá, nos repartimos partes iguales de la mejor manera, sin pleitos ni discordias, al contrario, nos fuimos todos a un restaurante hablar de familia. Y hacer las partes equitativamente y felices.

Ese detalle fue y sigue siendo un hermoso recuerdo y lo traemos a las conversaciones de familia cuando estamos reunidos los hermanos. Y nos felicitamos porque nos contamos entre las pocas familias ya huérfanas de padre y madre que hemos sabido llevar una relación de amor, cooperación, unidad y apoyo y nos sentimos muy orgullosos porque pensamos que nuestros padres están desde el cielo felices por eso.

Se hizo popular en dicho y chistes que mi papá hacía y muy espontáneo le salían con naturalidad, les voy a contar uno que les ha gustado mucho a sus sobrinos y que cada que me ven nos reímos mucho porque les encanta que se los cuente. Yo vendía ropa y calzado en nuestra casa y a él le daba mucho gusto porque de mis ventas yo les compartía a mis padres amados. Ese día vinieron varias amigas mías y salieron con sus bolsitas y él me preguntó. ¿Vendiste, hija? Y yo le respondí sí y me dijo ¿que vendiste? Y yo le dije calzones y gané $300.

Y como él nació en 1899, no hablaba de cientos, él solo hablaba de 5 pesos, 8 pesos, 9 pesos y números bajos y cuando escuchó que $300 me dijo. "Madre mía, hija, los venderías con todo y nalgas". Y eso es lo que encantaba a nuestra familia Topete, que hacía de la vida una fiesta. Y él siempre fue muy bromista y juguetón.

CAPÍTULO 8

Proceso De Adaptación En El Extranjero

Empezar una vida en otro país y traer solo lo que traes puesto con dos hijos y mi madre no es nada fácil.

En México, como me decían muchas personas, en especial mi directora del jardín de niños. Que allá era mi casa y yo era ama y señora del hogar y acá iba a llegar a batallar a casa ajena y aunque llegué con mi familia, amada (hermanos). Ellos ya tenían su vida hecha y sus recamaras ocupadas así es que desde que llegamos empezamos durmiendo en el piso, en la sala y me recuerdo que después de unos años cuando tuvimos cama mi niña mayor me decía. Mami, ya tengo sueño, ¿ya puedo hacer mi tendido? Eso partía mi corazón, pero a la vez me daba fortaleza porque estuvimos muy unidos y dándonos amor y demostrándolo en todo momento, mi niño, que era un bebé de brazo, tuvo su infancia feliz y no sufría de nada. Recuerdo que me buscaba en la oscuridad y cuando me encontraba mi cara me cubría de besos y hasta mi esposo se sorprendía y decía, mira, qué amoroso nuestro niño José.

Así transcurría nuestra vida, solo mi esposo trabajaba fuera, pero yo le ayudaba en casa cuidando niños. Pelando cable, que es limpiarlo del plástico, poniéndolo a calentar al sol y amarrándolo para luego con guante y cuchillo desprender el plástico y vender el cobre limpio.

A mi madre no se le olvidaba y se llenaba de tristeza que yo estando embarazada y trabajaba pelando cable y en el solazo.

En una ocasión nos visitó un amigo del rancho de mi esposo, su nombre es René, yo fui maestra de sus hermanos y cuando me vio en short y descalza le entró mucha tristeza de recordar que yo, cuando era maestra del rancho y de Mascota andaba bien vestida y de tacones siempre y me dijo: "Profe, vámonos para México, usted estaba mucho mejor allá".

Aunque yo estuviera en casa aportaba algo extra para ayudar a mi esposo, ya que él solo salía a trabajar para ganarse la vida y traernos el sustento, el empezó en construcción, luego jardinería, luego un lugar de reciclaje y finalmente en fundición, que es donde continuó hasta el momento de retirarse y en esa fundición tuvo una aseguranza médica de lo mejor y muy buen sueldo.

En una ocasión una vecina me invitó a trabajar a mí. Y me dijo que era por las tardes para limpiar oficinas y me mintió porque era para lavar baños y estaban muy feos, sucios y malolientes. Me dijo hoy las oficinas no se pudo, pero después sí. Y me dió mi cubeta con los limpiadores y se fue a limpiar otra parte. Yo empecé a llorar y a limpiar. Yo no me imaginé que lo haría y ya no regrese más porque no era lo que yo buscaba y respeto mucho a quienes lo hacen.

Vivimos primero con mi hermano. Luego con una hermana y después con otra hermana que tenía un lugar acondicionado para vivir y ahí estuvimos 7 miembros de la familia que éramos: mi mamá, el matrimonio y nuestros 4 hijos. Compramos nuestro primer condominio. Donde mis hijos fueron muy felices y ahí inicio ya mi primer trabajo o mi primera manera de desarrollarme ayudando a otros y recibiendo un salario.

Me dan la administración de los 50 condominios. Y me pagaban por eso poco, pero si nos ayudábamos. Luego me enseña mi esposo a manejar y me busco un trabajo en una bodega que me gustó mucho mi empleo, que hasta fui escalando posiciones.

Poco antes para esa época también ya estaba en el colegio porque quería revalidar mis estudios de maestra en México y poder trabajar en Estados Unidos. Pero me van diciendo que tenía que estudiar todos los años acá, porque mi estudio en México equivalía solo como escuela alta o High School.

Aunque no tenía buen dominio del inglés, así estuve y obtuve muy buenos grados en Child developments o desarrollo del niño. Pero tuve que renunciar a mis estudios porque siendo hija, esposa y madre y administradora de 50 unidades, trabajo y colegio. Y de plano no pude porque ya era demasiado lo que estaba haciendo.

Entonces decidí cambiar de actividad donde no fuera tan absorvente y que a la vez me diera una satisfacción. Me enfoqué mucho en ser voluntaria de la escuela de mis hijos y voluntaria en labores a la comunidad. Trabajé de cerca con la ciudad. Y logramos un ambicioso proyecto de iluminación a nuestros 50 condominios para erradicar el vandalismo en nuestra área.

La ciudad nos colaboró con las luces y parte mayoritaria de gastos de instalación. Y supervisado por ellos, se iluminó nuestra área, gran proyecto logrado, qué satisfacción tan enorme el poder ayudar.

Cuando logramos hacernos de la tercera propiedad. Tuvimos un agente de bienes raíces que nos ayudó refinanciando una para agarrar la otra. Y hemos sido grandes amigos desde hace varios años y han traído bendiciones a nuestra vida de muchas maneras, ellos son familia Oceguera.

Empezamos a rentar dos de estas propiedades, pero no corrimos con mucha suerte, la mayoría de nuestros inquilinos por ser de confianza algunos y otros por ser mala cabeza nos quedaban mal. De ahí decidimos entregar estos compromisos a nuestros hijos y liberarnos porque iba a ser muy pesado para nosotros por la edad y por no poder trabajar y ellos asumieron la responsabilidad con mucho gusto viviendo en ellas ya que finalmente para ellos trabajamos y por ellos nos motivamos siempre a hacer lo mejor.

Mi esposo, muy constante en sus trabajos, fue siempre muy responsable y cumplido con nosotros. No tuvo vicios fuertes ni feos. Ni fue callejero, yo siento que vivía para nosotros, me entregaba todo su cheque y yo le administraba muy bien el fruto de su trabajo.

Aprendí el idioma, pero como no lo practico, no lo hablo con fluidez. Y aunque lo sé escribir, también prefiero expresarme en mi idioma natal, que es el español.

Me hice ciudadana americana gracias a que se me iba a vencer mi green card o tarjeta verde y preferí en lugar de pagar por renovarla, dar un paso más avanzado y aplicar por ciudadanía. Y lo logré al primer intento y quiero mencionar que en aquel lugar donde hay miles de personas, los del juramento como 2500, más todas sus personas acompañantes, fuimos entrevistadas varias, pero mi entrevista salió en las noticias del canal más renombrado del país. Me sentí muy afortunada de que me prefirieran a mí. Y mi sobrino Cornelio Topete fue el primero que me vió en la television y hasta me grabó.

Duré 21 años sin poder viajar a mi país porque solo estaba en Estados Unidos con permiso de Unión familiar, mi esposo solo tenía documentos de residencia legal y él sí podía salir y entrar las veces que él deseara y mis dos hijos mayores de México y yo arreglamos después mis hijos arreglaron sin novedad y yo no podía porque desgraciadamente, mis papeles se perdieron y no los encontraban, afortunadamente mi hija mayor se hizo ciudadana americana y me pidió. Y reabrieron mi caso y por eso a los 21 años de estar aquí pude recibir mi tarjeta verde y poder viajar internacionalmente, sobre todo a mi México querido.

Aprendí inglés primero yo sola compré un libro pequeño y estudiaba y apuntaba y luego fui a la escuela nocturna, primero con mi esposo y no le gustó, después me iba yo sola.

Saqué mi Seguro Social y bueno, fui a la oficina y me lo dieron. Con esto podía ya trabajar.

Obtuve mi licencia de conducir. Me enseñó a manejar mi esposo y aunque me asusté 3 veces, dos de ellas choqué y en la otra se me quebró una parte frontal del carro y quedo con su frente en el piso y eso me asustó y ya no quería manejar. Pero mi esposo me convenció argumentando que tenemos muchos niños y que el trabajando no podía llevarlos rápido a atención médica o a la escuela o algún lugar si se necesitaba. Y me dijo, prepárate, ponte a estudiar para llevarte a sacar tu examen y eso le agradezco mucho porque a la primera vez que lo intenté lo pasé.

Con todos estos logros me fui impulsando y valorando, comprendiendo que si deseo algo y le pongo acción no hay límites para mí y si puedo llegar a lo que me propongo y si ese propósito ayuda a beneficiar a otros también más pronto se logra.

Soy ciudadana mexicana por nacimiento, luego adquirí mi ciudadanía americana. Y ahora voy a trabajar duramente para hacerme ciudadana del mundo y llevar este mensaje de amor y positivismo a todas partes.

Ya empezamos mi esposo y yo a vivir simple. Vivir con lo necesario. Hace mucho tiempo estábamos enfocados en hacer y tener. Hoy somos felices y reconocemos que poco es mejor, nos sentimos más libres y relajados, los dos estamos retirados ya.

En una ocasión hace ya tiempo le comenté a mi hermana que lo material ya no era tan importante para mí, que me sentía tan plena y realizada que ni el carro que manejo lo quería a mi nombre.

Y esa plenitud la hemos encontrado viendo a nuestra familia feliz, unida, luchando juntos, amándonos y respetándonos, con muy buena salud y todos con Dios en nuestro corazón. Hasta nuestros pequeños nietecitos ya saben orar. Con todo esto sucediendo en nuestras vidas, ya no siento necesidad de nada más, siento que estamos felices y completos y aunque hay días de abundancia, hay dias de escasez. Todo esto se puede solventar si tenemos a Dios, porque sabemos que El provee.

CAPÍTULO 9

Trabajos Que Tuve Y Fallecimiento De Mi Madre

Doy gracias a Dios y a mi esposo porque no tuve que dejar a mis hijos chiquitos al cuidado de personas ajenas a nuestra familia. Empecé mi primer trabajo, ya que mi pequeña hablaba y usaba el baño por ella misma y se quedaron al cuidado de mi madre que siempre vivió conmigo.

En mi primer trabajo fui muy feliz trabajando como obrera al principio. Unos 4 años y luego gracias a que pude agarrar mi equivalencia de High School o GED en este país. Y me gradué con los jovencitos de esa generación.

Me gané una posición elevada y estuve unos dos años con un sueldazo que cualquier profesional hace.

Así estuve, pero el no aceptar ciertas situaciones que a mi no me parecían correctas me despidieron y eso me causó una gran depresion y rencor en mi corazón, me abandoné y empecé a subir de peso y a descuidar mi vida normal, cosa que también le agradezco a mi esposo por haberme tenido tanta paciencia. Reconozco que fue mi culpa por ser novata y sin experiencia y por ver de esto pequeño algo muy grande.

Tuve que obtener ayuda profesional y con terapia. Una sola vez tuve que ir y fue muy efectiva porque mi psicóloga, me dijo que yo tenía una familia hermosa. Que hasta mamá tenia conmigo y ella ni mamá tenía, me dijo que un trabajo no me puede tener asi hasta perdiendo mi salud y mi confianza en mí misma. Llegue a pesar cercas de 200 libras.

Me dijo que ese trabajo por alguna razón lo perdí porque me iba a llegar algo mejor. Y si lo acepté de esa manera y me levanté de ésta, con esto comprobé que pase lo que pase podemos salir de esa gran depresión y abandono. Empecé a echarle ganas de nuevo. Y saqué mi ahorro que hice en ese trabajo e hicimos una adición a nuestra casa, agregando la quinta recámara con permiso de la ciudad y todo legal.

Después tuve trabajitos pequeños y de pocos días ganando el mínimo, pero no me importaba eso porque sé que en la ruleta de la vida a veces estamos arriba y a veces, abajo. Pero estaba viva y con ganas de volver a empezar y cercas de mi casa como a 3 minutos en carro, miré un letrero de que buscaban empleados y apliqué y me lo dieron con un muy buen sueldo, empecé directo por la compañía. No tuve que empezar como otras personas por agencia y luego la compañía los agarra.

Ahí estuve 14 años de mi vida, 12 años los considero los más felices. Y dos fueron muy dolorosos y difíciles para mí, aquí explico el por qué.

Empecé donde mandan a los que llegan y aunque era muy cansado ya que yo iba con sobrepeso y era todo el día ir y venir llenando órdenes, primero con papel impreso y después mas moderno. Empecé a hacerme voluntaria en todos los departamentos que necesitaban. Pero yo lo hacía para aprender de todo y me sirvió mucho porque poco a poco fui escalando, pero había una posición que me enamoró y que yo quería alcanzar y veía a mis compañeros sentados en diferentes lugares de la compañía con su escritorio, computadora y silla de oficina. La verdad se miraba muy profesional y me propuse llegar ahí y lo logré. Gracias al Dios todopoderoso que nos concede lo que le pedimos y hacemos lo que está de nuestra parte para lograrlo. Amé a todos mis compañeros porque me ayudaron y me impulsaron siempre a seguir adelante.

Tuve varias evaluaciones muy satisfactorias. Pero la que me dio más placer fue alcanzar súper person award que quiere decir: reconocimiento a súper persona.

Este consiste que mi supervisor directo vio muchas cualidades hermosas en mí, en varias áreas y desempeño, sobre todo para beneficio de la compañía y lo manda a todo el personal que dirige la empresa. Y si uno solo no firma de aceptación, no se otorga, afortunadamente todos estuvieron de acuerdo y me lo entregaron en julio 15 del 2011. Donde gocé el reconocimiento de todos. También me dieron un día gratis cuando yo deseara usarlo para no ir a trabajar y estacionamiento de honor casi en la entrada principal por 30 días. Y fue para mí muy hermoso experimentarlo.

Luego nos remueven las sillas y nos ponen de pie frente a la computadora. Después por recortes y acontecimientos de economía fui cambiada de mi posición y horario, escogí un departamento que es duro y pesado para hombres, ya se podrán imaginar para mujeres. Como yo que soy bajita y no acostumbrada al trabajo físico y duro. En mi casa ni muebles pesados muevo porque mi esposo lo hace para mí.

Así seguí y terminaba mi día con moretes en mis brazos y en las piernas porque teníamos que recibir por bandas 2 o 3 líneas por persona y venía producto grande y pequeño, pesado y liviano y teníamos que formar paletas con determinada altura para luego envolverlas a mano o con robots para que la subieran a los tráilers.

Yo lloraba cada día antes de irme a trabajar, mi horario era de tarde y dependiendo la demanda podría salir de 1 a 3 am. Mi esposo al verme me decía, ya renuncia Bertha, yo no te puedo ver llorando y sufriendo por algo que hasta te puede enfermar.

Yo decidí aguantar esperando por una oportunidad de cambio para mí y sucedió. Una compañera que estaba presentó su renuncia por razones poderosas y personales y me toca la posición a mí en lo que me gustaba y lo que yo hacía con pasión. Yo era la única en ese horario y me sentía como pavo real. Llega otro compañero a apoyar y todo iba muy bien.

Después, más personal llegó y varios cambios surgieron que a mi me preocupaban pero no me quejaba ni nunca entré a la oficina a preguntar qué es lo que estaba sucediendo o porque pasaban esas cosas. Lo único que yo podía estar segura es de que las cosas pasan por alguna razón.

Pasaba el tiempo y mi salud, se iba deteriorando y con historia médica de padecimientos anteriores y crónicos, dos operaciones en un pie, mareos, ciática, asma, migrañas y hasta vieron que me había dado lacunar stroke o accidente cerebrovascular porque miraron una pequeña mancha, pero no se sabe cuándo sucedió. Y de ahí y por muchas más razones y enfermedades me empiezan a dar incapacidades temporales y finalmente el retiro total.

En mi pasado enfrenté muchos problemas de salud. Ya mi familia me decía que yo no debería de pensar o escuchar de enfermedades porque las atraía y todas me llegaban a mí, mi rodilla se me hinchaba y dolía mucho, hasta un día recibí inyección ahí y yo sorprendida, le dije al doctor: ¿Me vas a inyectar mi rodilla? y él me dijo, sí.

Me llené también de miedos e inseguridades, ya no manejaba sola. Y tenía falta de concentración hasta mi comida se me quemaba.

Hoy he aprendido a controlar emociones y a encausarlas por el lado positivo. Que si las cosas pasan es por una razón muy poderosa y la mayoría de las veces es para mejorar, sigo estudiando y cuidando mi cuerpo porque me debo de amar yo misma si deseo vivir bien en todos los aspectos.

Y ahora a hablar de mi madre, que vivía con nosotros. Se nos fue enfermando por la edad, caía constantemente al hospital por diferentes razones. A veces inflamación de piernas, dolor de cadera o alta presión. Y después de varios estudios, los doctores nos dicen que ya están todos sus órganos, muy desgastados y cansados. Que ya no hay nada que hacer y cómo ella nos había dicho que no quería ser conectada a máquinas nos la dieron para que la cuidáramos y viéramos por ella hasta que Dios la recibiera en su reyno.

Pasó sus últimos días muy cuidada en nuestra casa, muy amada por todas mis hermanas y mi hermano que la cuidábamos en turnos de día y de noche y los nietos también.

Nos conocía y solo al último en rato se le iba la lucidez. Y nos hablaba de personas que ya se nos habían adelantado y que ella las veía. Y en una ocasión paró de respirar y yo empecé a gritarle a mi hija la mayor y ella vino y le hablaba muy fuerte que volviera, que no se nos fuera y que la amábamos.

Mi hija le gritaba así, abuelita abuelita, no nos deje vuelva y ella volvió y la conectamos rápido al oxígeno que ya se lo habíamos removido y empezó a respirar bien y al día siguiente se nos hizo igual. Y yo le empecé a gritar a mi hija otra vez para que la regresara y mis hermanas me dijeron, no hermana Bertha, nuestra madre está muy cansada y ella quiere descansar, déjala ir, debemos aceptar la voluntad de Dios nuestro Señor y así es como ella partió. Rodeada de amor.

Los hermanos, muy unidos y de común acuerdo, participamos en su sepelio y hasta mariachi le llevamos, nos cooperamos en partes iguales y ninguno opuso resistencia o desacuerdo, fue muy hermoso cómo sucedieron los arreglos y preparativos finales. Y en su honor nos hemos propuesto como hermanos a estar juntos y que nada nos separe. Ella nos pedía estar unidos y felices siempre.

Fue una mujer que irradiaba paz y felicidad. Y que nos demostraba amor en todo momento. Aquí enseguida haré mencion de unas historias, donde podemos ver sus lindos sentimientos.

Para un día de las madres, una de mis hermanas se llevó a mi mamá a comer con ella y me cuenta que comía muy despacio y sin ganas y le dijo, mamá, ¿qué pasa?

¿Por qué está triste? Ya alégrese está con su hija y ella le respondió. Si mi hija, pero me falta una.

Después me la puso mi hermana al teléfono y la escuché muy confundida y le dije, tráemela hermana para llevarla al doctor. No estoy ahorita en casa, pero en lo que tú llegas llego yo también, es como una hora de distancia donde estaba mi mamá y donde vivo yo. Y platica mi hermana que, al ir llegando a mi barrio, mi madre volvió de su aislamiento y exclamó con alegría. Ya vamos llegando donde vive Bertha y se alivió completamente, no necesitamos llevarla al doctor. Desde entonces todos mis hermanos aceptaron con mucho gusto que se quedara conmigo. Y venían cuando podían a verla. Y si lo hacían muy frecuente, todos venían porque no vivíamos tan lejos.

Mi madre amaba los dos países donde nació y donde murió. En Estados Unidos tuvo la dicha de recibir pensión gracias a mi hermana Juanita, que lo solicitó, pero todos sin que alguno opusiera resistencia aportamos para los trámites necesarios y partes iguales. Ella fue muy agradecida y nos decía, quiero tener mis dos banderas en mi recámara siempre y es por qué los dos países me han dado mucho y los quiero por igual.

Eso nos lo transmitió. Y yo soy igual, tengo mis dos banderas conmigo porque he recibido mucho de ambos países. Y mis hijos igualmente tienen sus dos banderas, mi hijo varón las tiene muy grandes en su yarda de enfrente.

También mi hermana Lupita me platica que cuando estaba ya encamada, vino a verla con sus niños. Y mi mamá empezó a buscar debajo de su almohada dinero para darles a sus nietos. Y mi hermana le dijo, está bien mamá, no haga esfuerzo, mi hermano les da y que mi hermano apoyó y dijo sí, mamá, yo les doy. Y mi madre se tranquilizó, fue dadora feliz, le encantaba dar amor primero y luego todo lo demás.

En agosto del año 2003, mi sobrina Gaby y Luis se casaron en Rosarito, Baja California, hotel Calafia. Y la llevan a la boda y las familias invitadas, todas admiradas de verla como sí nada padeciera. Subía y bajaba montañitas para llegar a donde fue la ceremonia y ella muy fuerte y cuerda. Yo no podía salir del país y me quedé.

Tuvo alegría de vivir, fue demostrativa, nos repetía lo hermosas que somos y hasta que pudo nos demostró su amor con palabras y con hechos nos decía mi palomita blanca. Y en enero falleció (5 meses después de andar tan activa en ésta boda.

En una ocasión mi hermano se le acercó a mi madre que, aunque ya estaba malita la teníamos sentada en la mesa del comedor. Y le preguntó. Mamá. ¿Qué quiere que le traiga? ¿Qué se le antoja para comer? Y mi mamá le respondió, pan dulce. Y se fue mi hermano a conseguirle el pan, pero cuando volvió venía recién bañado y mi mamá le preguntó, ¿qué te pusiste en tu cara? Qué andas tan brillosito. Y él le respondió: es solo mi locion de después del baño y ella le dijo, ven úntame en mi cara, pero no con tu mano, sino con tu cara. Y ahí está mi hermano, pasando su cara sobre la de nuestra madre. Y esto fue un detalle hermoso que nos hizo llorar.

Y ahora un detalle para hacerlo reír. Cuando ya estaba encamada, la vinieron a visitar unas primas y primos, hijos de mi tía Licha Topete de Lomeli. Y entraron unos primero y salieron tristes porque si la vieron muy delicadita. Y luego entraron dos de mis primas. Y le llegó a mi madre un rato de lucidez y la reconoció y las hermosió, cómo era su naturaleza ser tan cariñosa. Las muchachas salieron muy felices diciéndoles a los demás. Vayan ahorita porque nos dijo: "que hermosas". Y dijeron los demás. No pues ahora sí ya comprobamos que sí está muy mal. No sólo de su cuerpo, si no de la vista, mira que decirles hermosas a ustedes. Y pues dentro de la pena tambien reímos.

Platican mi sobrina Patty y mi hija Norma que estaban con ella cuidándola las dos. Y se le desacomodó su oxígeno y que empezaron a acomodarla para poderle pasar la manguerita detrás de sus orejas. Y toda preocupada pensando que le buscaban dinero debajo de su almohada les decía. "No tengo hijas, no tengo hijas" y que ellas le explicaron que era solo para acomodarle su oxígeno y que ella ella dijo, bueno pues. Y ya se rieron todas. Cuando la vieron tan enfermita se hicieron a la idea de que podía fallecer en el cumpleaños de cualquiera de las dos. Ya que mi hija es del 20 de enero y mi sobrina Patty es del 21. Y efectivamente, fallece en el cumpleaños de mi hija, el 20 de enero del 2004. Exactamente cuando mi hija Norma cumplía sus 21 años.

Mis hijos fueron creados y crecidos por su abuelita Lola, y están tan agradecidos que se van a visitarla al cementerio porque está como a 10 minutos de nuestra casa. Amó mucho a todos sus nietos. Gran ser humano que sembró mucho amor. Y gozó la cosecha de tanto cariño que plantaba y hasta la fecha se les sigue amando porque así es como me lo han comentado personas que la conocieron y que recibieron algo bueno de ella.

CAPÍTULO 10

Me Aparece Ganolife En 2013. Redes De Mercadeo

Cuando yo creía que no había otro estilo de vida y que era solo eso, vivir, trabajar, disfrutar un poco y continuar. Aparece en mi vida una gran oportunidad de cambio y transformación.

En el año 2013 despiden a mi hijo de un trabajo solo porque mencionó en redes sociales que había comprado una tableta a su niña y trabajando así de bien y muchas horas podría comprarle otra mejor. Yo consideré un despido injustificado pero bueno, ellos mandan y deciden. Y llegan nuestros amigos de familia a ofrecerle esta oportunidad de negocio y cambio de vida en una linda empresa llamada GanoLife. Y la oficina corporativa estaba a 15 minutos de mi casa. Gracias, Sergio y Margot Oseguera.

Mi hijo, como era de esperarse por joven y por desconocer, dijo que no, pero que si a mí me gustaba me apoyaban y no solo me gustó, sino que me enamoré del proyecto. Entré con temor con un LB1 y en término de 3 días lo vendí y fui agregando hasta quedar con LB3. Qué es el paquete más grande y de ahí se anotó mi nuera y todos mis hijos ya con paquete LB3 y me apoyaban. Iban conmigo a las reuniones. Poco a poco familia y amistades empezaron a conocer de nuestro maravilloso café con ganoderma 365 y los testimonios de muchas personas hizo que se adhirieran más. Y que creciera el equipo. Cuando me di cuenta de que redes de mercadeo te abre puertas ilimitadas de crecimiento personal, unión familiar, finanzas y sobre todo mejora nuestra salud, ahí comprobé que estaba en el lugar correcto con grandes líderes que nos fueron enseñando y puliendo para que sacáramos a flote ese brillo que teníamos oculto, pero por desconocer como descubrir nuestros talentos y refinarlos no los demostrábamos y aquí nos enseñan con amor. Fui ayudada en las 8 áreas de mi vida. Área social, emocional, espiritual, financiera, intelectual, laboral, familiar y salud física.

Cuando yo explico estas áreas, lo hago con un círculo grande que representa a la persona. Y les digo que pongamos un signo de sumar adentro y eso representa que debemos en nuestra vida estar sumando. Y luego el signo de multiplicar para que todo lo bueno y lo hermoso se nos multiplique. Y ahí ya nos aparecen las 8 partes para ir anotando nuestras 8 áreas de la vida que debemos de ponerles atención a todas para llevar un equilibrio en nuestra vida. Y como se acomoden no altera el producto o resultado.

No uso el signo de restar porque no debemos restarle importancia a nadie, ni a las cualidades que poseemos, no uso tampoco el signo de dividir para no dividir familias, equipos, amistades o relaciones de cualquier tipo. De esta manera se me hace muy sencillo explicarlo y puedo dar charlas de superación con el tiempo que se me proporcione para desarrollarlas. Puede ser corto o largo, con vivencias propias y de otros.

Y así fuí viendo como mi salud mejoraba grandemente de migrañas, nervio ciático, asma, alergias, anemia y en el cambio de vida no tuve síntomas malos, pero lo que más me impactó fue que habiéndome dado un lacunar stroke o embolia cerebrovascular por tener mi presión alta, seguí consumiendo mi café con ganoderma lucidum de GanoLife que para mi familia y para mi es el mejor y como a los 6 meses mi presión bajó y el doctor me baja la dosis de mi pastilla a la mitad y yo con deseos de no depender de por vida de medicina alópata, le pedí a Dios que me la quitaran por completo y el milagro sucedió el día 19 de enero de 2015.

Me la quitan definitivamente y de esto tengo mi documento del doctor y lo conservo como algo muy preciado para toda mi familia, para mí misma y para quien desee constatarlo.

También tenía mi rodilla izquierda muy inflamada y en dolor. Y una vez me inyectaron, cosa que me sorprendió. Yo no creía que podían meter una aguja ahi y después me daban medicamento muy fuerte y hoy ya no está esa molestia.

Poco a poco he ido implementando lo natural para mi beneficio y cuando necesito tomo descanso y reposo eso me ha ayudado mucho también.

He notado que la piel luce más lozana y humectada y hace lucir más joven a las personas que lo consumimos.

Me ha ayudado a superar muchos miedos y me mantiene libre de ataduras que por la edad pudiera tener y me ha hecho más segura de mí misma y me ha guiado para hacer una mejor líder en casa, primeramente y luego hacia los demás. Me ha hecho cambiar muchos malos hábitos y me ha abierto muchas puertas para dar servicio, ayudo con más gusto a quienes lo desean y necesitan de mí.

He aprendido que mi cuerpo lo debo de cuidar usando lo alternativo: como es mi café enriquecido con ganoderma 365, alimentación balanceada, ejercicio físico, ejercicios de respiración y meditación, repetir afirmaciones positivas y aceptarme y amarme, así como soy. Y mejorar, compitiendo conmigo misma, ser mejor hoy de lo que fui ayer.

> Aprendí de Jim Rohn y lo he comprobado que:
> La educación formal te dará una manera de ganarte la vida.
> La autoeducación, te hará ganar una fortuna.

Llegando a la conclusión que si deseamos aprender de lo que nos gusta le podemos dedicar tiempo de calidad y podemos superarnos rápidamente leyendo, escuchando audios, reuniéndonos con personas que buscan lo mismo que yo y han logrado resultados, atendiendo talleres y seminarios e invirtiendo en mí misma porque me lo merezco. Decidir de quien quieres aprender es muy importante.

Aprendí de Benjamín Franklin y está en el billete de 100 dólares y fue político, emprendedor, pieza clave en la independencia de Estados Unidos, científico e inventó el pararrayos y dijo así:

> Vacía tu bolsillo en tu mente.
> Y tu mente llenará tu bolsillo.

Aceptar que somos como un billete de 100 dólares que aunque nos pisen, maltraten y escupan nunca perdemos el valor.

Quiero seguir preparándome siempre aprendiendo y atendiendo conferencias, seminarios, talleres, universidades y diplomados. Aquí lo tomamos 7 miembros de mi familia y deseo llevarlos a mas eventos similares.

Se me ha dado la oportunidad de compartir el lunes un taller de desarrollo personal de manera internacional en plataforma de zoom, donde hay audiencia de México, Estados Unidos y una cuñada de mi hija desde Australia. Y espero se extienda a más países.

Mi empresa GanoLife, también me ha dado la oportunidad de estar en estudio de grabación para compartir mi sueño y testimonio de vida, cambio y transformación. Gracias por tan hermosa experiencia.

Me sentí realizada al obtener mi pin diamante y fue uno de los días más felices de mi vida cuando levanté ante todos los resultados de mi gran sueño y ahí me gradué como profesional en redes de mercadeo, así lo siento yo.

Asimismo, me hizo realizar otro sueño más, cuando en Acapulco, Guerrero se me pide una participación para compartir en nuestra Universidad GanoLife, la cual desarrollé con mucho gusto y pasión y como recompensa se me otorga el primer certificado como Conferencista. Y ese hermoso detalle, lo agradezco mucho y estará en mi corazón.

Gracias a mi empresa por abrirme muchas puertas y permitirme viajar para conocer y disfrutar de lugares históricos y hermosas playas y las que nos faltan.

Tengo la certeza de que seguiremos juntos, que con su apoyo y cariño me permitirán ir logrando más metas importantes en mi vida que no solo me benefician a mí, sino a mi familia entera y me preparan para dar un servicio a la humanidad.

Quiero seguir compartiendo siempre lo grande y humilde que puedo ser al ayudar a otros a cambiar su estilo de vida en todas las áreas. Aquí conocí multinivel y deseo como todo en mi vida, contraer compromiso largo y duradero con ustedes.

Me pidieron un mensaje positivo en dos diferentes ocasiones y así de hermosos les quedaron, muchas gracias por tanto profesionalismo.

Espero ansiosa y feliz por tener todo lo que se nos siga ofreciendo porque estoy en la mejor empresa dirigida por una gran mujer en todos los sentidos: licenciada Claudia Hernández y un equipo profesional de colaboradores que es un gusto y un honor poder tratar con ellos porque nos ofrecen eficiencia, nos apoyan y nos dan respuesta a nuestras dudas, con mucho cariño y atención.

Yo me considero una joya preciosa, que no estaba pulida ni había sido descubierta. Me traen a esta industria unos grandes amigos, la familia Oceguera. La empresa GanoLife me recibe con los brazos abiertos, primero en Estados Unidos y después en México, y me pule y transforma con amor para hacerme brillar y poder yo decir llena de agradecimiento:

> Gracias por tanto bueno que me han dado, estaré por siempre agradecida.

> Por ustedes yo tomé la decisión de escribir mi libro.

También influyeron al escucharme compartir mi familia amada y algunos amigos.

Y a Cristian Topete, mi sobrino de 14 años que me lanzó.

A las 3 partes influyentes las amo y las respeto.

Desde que conocí GanoLife, aprendí que usar una libreta por año para anotar cada que surja algo importante o estudios y cursos que vayamos tomando. Lo trascendental que sea digno de mirarse cuando pasen los años. Y yo ya tengo mis 7 historias de vida, que quedarán como legado para que hagan uso de ellas y recuerden de mi tránsito por la vida. Podrán disfrutarlas mis hijos y mis nietos y yo tendré la satisfacción de haber dejado un gran ejemplo de amor y superación. Y ya se me hizo costumbre cada inicio de año regalo libretas a quienes me las acepte.

Pasé por la experiencia del Covid 19. Y en 3 agradecimientos, explico mi resultado.

Primero: gracias a Dios que no tuve síntomas serios, fueron muy leves.

Segundo: Gracias a mi GanoLife porque por estarlo consumiendo por mas de 7 años yo fortalecí mi cuerpo al 100%.

Y tercero. Gracias por la decisión de mi esposo y mía de hacer cambios en la alimentación, ejercicio, respiración y meditación. Que también en esta empresa maravillosa aprendimos agregando ayuno intermitente 16- 8. Y caminar en tierra descalzos, tomar agua alkalina.

Más adelante hablaré con más detalle del COVID 19 pues tengo un capítulo completo para detallarlo.

CAPÍTULO 11

Vida espiritual. (Orar)
Perdón. (Pedir y dar)

Desde pequeña yo me recuerdo que nuestro hogar hubo valores y principios. Mi padre y madre tuvieron su espiritualidad muy definida, mi papá cantaba el alabado bendito y mi madre, alabanzas, rezos y oración.

Tuve asma y no me podían ni bañar para no enfriarme, me contaba tambien mi madre que yo recién nacida o de unos meses me desmayé. Ella cree que me dio un dolor y ella de rodillas y a gritos le pedía al Señor por mi vida. Me contó mi madre que yo volví y así seguía yo enfermiza. Y con oración y medicamentos me nivelaron.

Siendo una niña me caí de un mango y me desmayé también. Yo le quería cortar un fruto grande a mi hermana Lupita, que había ido de Estados Unidos a visitarnos a nuestro Mascota, Jalisco. Y ella me cargo en sus brazos, yo desmayada y el recorrido era como de 50 metros. Y cuando llegó mi hermana, a donde estaban mis papás, yo recobré el conocimiento. Pero duré como una semana encamada y con fiebre. Así seguí dándoles sustos con una severa anemia que hasta comía tierra de una barda de adobe.

Me platicaba mi mamá que tuvieron que enchilar el lugar para que dejara de hacerlo, porque era un hábito muy fuerte que no podían quitarme.

Aunque yo siguiera mi denominación religiosa y yo me sentía que la seguía muy bien. No fue hasta en el año 2017 cuando mi vida cambió.

Me invita una amiga, a la que quiero mucho a una cena a Beverly Hills. Ese lugar queda a 1:30 horas de mi casa y acepté; sin saber que eso cambiaría mi vida para siempre.

Cenamos y platicamos de Dios, de cómo tener una relación cercana y directa con el Señor. Me dieron un abrazo y me dijeron. "Bienvenida al grupo de las mujeres más felices de la tierra". Me habían invitado a la FIHNEC: Fraternidad International de hombres de negocios del Evangelio completo.

Escuché la visión y me enamoré porque nos explicaron que fue fundada por un hombre por los años cincuenta. Aquí en Los Angeles, California, que se dio cuenta que los hombres de edad productiva no atendían a eventos para agradecerle al Señor. Y fundó esta organización que está alrededor del mundo y que apoya y orienta a las personas a tener éxito en estas 4 áreas de su vida que son: Espiritual, familiar, física y financiera.

Me encantó el hecho de que se respeta la denominación religiosa que cada persona tenga. Y se nos ha dicho que esa que tenemos es la mejor y que sigamos ahí y no se nos pregunta a cuál pertenecemos porque existe mucho respeto.

Aquí somos testimoniales y nos reunimos a compartir o a escuchar un testimonio de vida, amor y cambio que personas han experimentado en su vida, ya sea personal o en pareja y que nos lo explican en 3 etapas: primeramente. ¿Cómo era su vida antes?

Segundo. Cuando conocieron al gran amigo que los transformó.

Y tercero, cómo es su vida hoy, después de tener a Jesús en su corazón.

No tenemos vestimenta especial que nos defina a cuál denominación vamos, ni nos reunimos en ningún lugar específico religioso. Nosotros nos reunimos en lugares neutrales como restaurantes u hoteles a compartir de un desayuno o cena y a estas reuniones les llamamos capítulos.

Me di cuenta de que tenía yo mi área espiritual muy abandonada y que yo necesito más para aprender y una vez conociendo poderme ayudar yo misma y ayudar a otros.

Atiendo estas reuniones periódicamente. Ahora es por zoom con cientos de audiencia, y otras con dos dígitos y los entrenamientos es con un solo digito.

Me inscribo en clases de Biblia en mi denominación que yo tengo desde niña.

Tomo dos retiros espirituales para tener un encuentro con el Señor y hasta un vuelo a Texas tomamos invitada por mi coordinadora que es mi gran amiga, y mi esposo a una Convención Nacional donde pude aprender mucho y me fue gustando más y más. Y ahí aprendí a orar al Señor a la hora que me despierte. Y aunque a veces siento pereza, la domino y me pongo de rodillas para agradecerle primeramente por todo lo recibido y luego hacerle mis peticiones.

A estos líderes de Texas, que aparte de recibirnos en su casa con los brazos abiertos me enseñaron a orar de rodillas a la hora que abra mis ojos (de madrugada) les agradezco mucho.

Siempre los voy a recordar con mucho cariño.

Yo ya oraba antes, pero sin disciplina ni horario, y mi consuegra Vicky me dijo que orar a las 3:00 de la tarde tiene mucho poder y desde entonces tengo mi alarma para orar todos los días a las 3. PM. Y aparte, en cada momento que veo la grandeza y maravillas del Señor. Agradecer y agradecer nos hace acreedores de más bendiciones.

Empiezo a interpretar señales y hacerme yo misma más receptiva de los mensajes divinos y comprender muchas cosas que sin duda antes pasaban por mi vida y yo no me daba cuenta.

Les he pedido a Dios padre, Dios hijo y Dios Espíritu Santo me den sabiduría para captar, recibir e interpretar lo que se me quiere asignar y cumplir su voluntad con amor y obediencia.

Lo primero que experimente en la fraternidad fue que pedí oración por mi hija, la mayor y su embarazo de muy alto riesgo y todos en la familia sufriendo esta angustia, pues me iba hasta allá, buscando siempre quien me acompañara porque regresaba ya noche. Afortunadamente siempre encontré quien me acompañara, iba mi esposo, mi hermana o mi sobrino Joel. Les agradezco por no dejarme sola.

Oramos por ella, el Señor nos escuchó y nos mandó a nuestra nietecita sana y salva hoy ya sabe orar y le entendemos bien cuando pronuncia en el nombre del padre del hijo y del Espíritu Santo, amén.

He tenido 3 revelaciones muy hermosas en mis sueños y con eso me doy cuenta de que el Señor me escucha y me manda su mensaje. Jeremías 33.3.

Clama a mí y te responderé, te mostraré cosas grandes y secretas que tú ignoras.

Primera revelación.

Yo clamé al Señor pidiendo me revelara si algo pasaba con mi esposo porque yo lo miraba diferente y le dije así: Si algo hay que yo deba de saber avísame, pero yo no podré sola, ayúdame, padre Santo.

Estando yo en otro estado, en casa de familia amada con nuestro Javier López Topete y con 3 de mis hermanas soñé que mi esposo dormido hablaba y mencionaba una infidelidad y que cuando despertó y me miró se asustó y que yo le dije ni modo, ya te escuché y no podrás negarlo y que él me decía perdón, perdón.

Yo en ese sueño, descargué toda mi ira, llorando, gritando y hasta pataleando y tan pronto desperté, les conté a todos y me dijeron, cálmate, no puede ser eso verdad pues era muy difícil de creerse.

Siento que esta casa de fam. Lopez ha estado muy bendecida porque es la que escogió Nuestro Señor para mandarme mi primera revelación.

Cuando regresé a California y se los conté a mi familia, dicen que ellos se admiraron porque sabían que sí había pasado en realidad. Solamente yo no lo sabía.

Cuando mi hija me lo contó después de un tiempo que ya no pudo mantener con ella el secreto. Yo no me violenté ni dije malas palabras para ofender porque ya había vivido ese dolor antes, ahí comprobé que Dios me había hecho un nuevo ser y me estaba ayudando como yo se lo pedí. Nuestra familia ha sido muy explosiva y arrebatamos, pero yo ya era diferente. Sentí que había vuelto a nacer. Sí, lloré mucho también por el dolor de mis hijos y hasta de mi esposo. Parecía todo derrumbarse.

Ahí empiezo a escuchar mas el alfarero y con mariachi. Y empecé a meditar cada una de sus palabras. Y es cuando yo me decidí a luchar, a no dejarnos vencer. Aprender esa decisión que nunca había tenido que experimentar en mi vida. Y que era el de perdonar de corazón.

Me puse a evaluar todo lo bueno que yo había recibido de mi esposo y ponerlo en balanza contra ese mal detalle y cuando comprendí que no podía dejarme llevar por el orgullo y qué podía hacer algo por rescatar nuestro matrimonio ya que nunca había pasado antes o al menos no me había dado yo cuenta.

Busqué incansable por ayuda y no fue hasta que vinieron grandes líderes de la fraternidad. Y cuando me acerco a pedir oración nos la dieron a Fermín y a mí y después me dijo: ponte un plazo para perdonar, ya sea largo o corto y cúmplelo. Y así lo hice, no sólo vino el perdón, sino que nos hicimos el propósito de renovar votos de casados cada que estemos en una playa.

En Cabos San Lucas.

En Acapulco

Y a dar gloria y honra al Señor de haberme hecho una nueva criatura donde lo pongo a El primero y no a mis emociones negativas que yo quería experimentar y tal vez con trágicas consecuencias.

Si El nos perdonó, ¿quien soy yo para no perdonar? y comprendí que el perdón ayuda tanto al que lo recibe como al que lo dá porque libera de ataduras de odio.

Afortunadamente 36 años de matrimonio pudieron más que un detalle oscuro influenciado por el enemigo. Mis hijos hoy me agradecen por la decisión que tomé porque pudimos continuar con lo que siempre hemos sido, una familia unida y feliz y todo gracias a Dios que nos guió hasta encontrar ese gran momento del perdón y por revelarme en un sueño porque ahí pude descargar mí pena y dolor y no en la vida real donde pudiera estarme arrepintiendo de mi reacción. Gracias a mis hijos también por todo su amor, apoyo y comprensión, los amamos.

Segunda revelación.

Sintiéndome culpable y con remordimientos porque a veces tomamos en reuniones unas cervezas o vinos y bueno, hablo sólo por mí porque mi esposo ha tomado siempre, pero con mucho control y nunca ha sido problema para mí ni para él, al contrario, yo misma se las compro y se las traigo. Y nunca se ha hecho dependiente del alcohol. Pero a mí me mortificaba el hecho de imaginarme que a Dios no le gusta que tomemos. Y luego me da este lindo sueño.

Una pareja amiga y nosotros nos fuimos a bailar y a tomar a un centro nocturno que por cierto hace ya como 10 años que clausuraron, nos traen al carro y nos ayudan a ponernos el cinturón yo enfrente lado del pasajero y mi esposo atrás de mí y yo me pregunté en el sueño ¿Y ahora quién va a manejar? ¿Y empieza nuestro carro a moverse, el que manejamos gracias a mi hijo y mi nuera y yo le pregunto, eres tú Diosito? Y yo misma contesto: "Si, eres tú Diosito gracias por llevarnos a nuestra casa sanos y salvos. Y me estiré para abrazarlo y yo solo abrazaba una preciosa luz como rayo divino y sentí mucha paz, amor y agradecimiento, y le dije, yo quiero una foto de esto. Pero no, mejor un vídeo para que la gente vea cómo se movía mi carro sin humano al volante, pero también le dije, ¿no lo vas a permitir verdad Diosito? porque tú has dicho en tu palabra que dichoso aquel que cree sin ver.

Cuando iba a agarrar mi teléfono para tomar mi vídeo, estando yo en mis sueños, me despertó la alarma.

Capté muy bien el mensaje, Dios no se molesta con nosotros, sí no abusamos del vino y muchas veces lo leo en su palabra, el vino es muy menconado y la vid tambien.

Gracias, padre Santo por darme esta revelación tan hermosa.

Tercera revelación.

Sueño que me tienen secuestrada en un cuarto y que tenían una ventana hacia un área con árboles. Sabía que tenían a más de mis seres amados, pero no pude ver a quién ni a cuantos.

La mujer que me cuidaba era de cuerpo musculoso y yo le pedía que me dejara salir y ella me decía no, eso no va a ser posible.

De repente se asoma a la ventana y me dice, llegó una paloma blanca y yo le dije, déjame salir para ir a verla. Pero yo pensando correr y escaparme, y ella me contestó, no. Pero si la quieres ver, ven aquí y me acerqué y voy viendo una paloma blanca y hermosa y en mi sueño empecé a escalofriarme y a llorar y dije: ¡¡¡Espíritu Santo!!!!! eres tú. Has venido a decirme que no tema que nada nos va a pasar que estaremos bien porque tú estás con nosotros.

Desde entonces yo sigo feliz y agradecida por haber conocido al Señor y tener una relación directa con El y ya interpreto señales.

Acabo de finalizar un entrenamiento llamado "Escuela de la visión". Que tomamos por zoom por 12 semanas y nos graduamos, fuimos 122 personas en todo el país. Ahí aprendí que lo hermoso y grande que Dios nos ha mandado, esos milagros y testimonios de poder no son nuestros, pertenecen a Dios. Y que debemos decirlos al mundo, no quedarnos con ellos y yo si voy a compartirlos y con mucho gusto.

Aprendí también que ya estamos activados porque contamos con un gran equipo y somos parte de él, y no nos va a abandonar y es:

El padre, el Hijo y el Espíritu Santo.

No temer al ir por todas partes, dando testimonio y agradecer de esta manera:

Gracias, Padre porque nos diste tu único hijo.

Gracias Jesucristo, porque diste tu vida por nosotros

Y gracias, Espíritu Santo, por qué estás en mí y no me abandonas jamás.

A la fraternidad le estoy muy agradecida por darnos este maravilloso curso y por prepararnos para llevar este mensaje de amor por el mundo entero.

Por todo lo aprendido y lo vivido, yo quiero continuar por lo que me resta de vida, siendo una mujer de servicio. Poder servir a Dios y a la humanidad. También he aprendido que siempre en cualquier servicio que ofrecemos queremos pago y aquí debemos de poner de nuestra bolsa por si queremos servir. Dios no se queda con nada y nos mandará multiplicado.

Me han profetizado muy hermoso dos veces. La primera a mi esposo y a mí. Que somos pareja que impacta y qué vamos a hacer grandes cosas juntos por el mundo.

La segunda. Qué voy a andar por todas las naciones dando testimonio de lo que yo he vivido y experimentado, dando la gloria y la honra al Señor.

Fraternidad nos impulsa a no dejar la denominación que tenemos. Porque nos dicen que debemos de prepararnos y aprender cada día y que estamos en la mejor y en la correcta. Yo orgullosamente sigo la que mis padres me inculcaron y con esa quiero continuar hasta el final.

CAPÍTULO 12

Experiencia Covid 19

En esta pandemia, donde todos estamos con temor y nadie quiere ser alcanzado. Ni aún yo, pero ese era mi deseo y no el de Dios, porque a mi casa me mando esta experiencia solo para que lo viviera y poder dar testimonio de su grandeza.

Y de la manera como se dieron las cosas, yo he comprobado que solo su mano pudo dirigir esta vivencia hacia mí.

Todo inicia el día 15 de junio cuando hubo unas visitas entre familia. El 19 se dan cuenta que llega el virus a nuestra familia y empiezan llamadas de alerta y de amor le llamo yo así, y nos dicen que vayamos a hacernos el test o la prueba porque por medio de esas visitas pudo haber llegado el virus a nuestra casa. Yo de verdad, no creí que eso fuera a pasar, pero empezamos a preparar terreno, a llamar y aceptar que podía caber una posibilidad.

Después, gracias a esa advertencia de mantenernos alertas pudimos ir a realizar la prueba mi hermana, la que fue de visita, mi esposo y yo. A mi esposo y a mí nos lo hacen el día 23 nos toman muestra de nariz y garganta y a esperar. Ese día yo sentía molestias en mi garganta como irritación.

Salen las pruebas el 25 y nos llaman por teléfono y nos sorprendimos grandemente por los resultados, porque mi esposo y yo estuvimos tomando café en la misma taza durante dias y comemos a veces en el mismo plato y le sale a el negativo y me sale a mí positivo.

Agradecimos al Señor por este resultado porque mi esposo tiene temor, el dice que ya por su edad le puede dar peor a él. Decidimos apartarnos, él dormía en la sala y yo en la recámara. Él me cuido y me daba atenciónes de primera y con mucha precaución y mascarilla siempre.

Se me quitó el dolor de garganta, pero empiezo a darme cuenta de que no percibo olores, pero si podía respirar muy bien.

Día 26. Mi esposo cocina una sopa de pollo, sigo sin poder oler. Todo pasadero, sentí miedo al perder mi olfato. Pero luego me pasó el temor, pensando que teniendo a Dios nada me va a pasar.

Día 27, poco dolor en mi cara, en la cuenca de mis ojos, alcancé a oler la ruda levemente, pero distinguí su olor.

Recibimos llamada de cortesía del hospital. Se sorprendieron gratamente de escucharme y me dijeron que yo era su primera paciente que se escuchaba tan bien que la mayoría muy malitos de tos, o de dolor, o de fiebre. A mí no me dio nada de eso, afortunadamente.

Día 28. Muy buen amanecer, no síntomas, bailé por una hora cumbias de alabanzas. Pude oler la hierbabuena, mis hijos nos hacen llegar menudo y desayunamos felices.

Día 29. Buen día también hoy nuestra hija Bertha nos trae por el cerco de atrás cercas de su cuarto un completo desayuno de huevos, tocino y pancakes. Ya pude oler el vicks y fuerte. Ya normal mi olfato. Al mediodía no comí. Traía mucha nausea.

Día 30. Dolorcitos en el cuello y poco en coyunturas. naúseas. Salí del cuarto y me resfrié, me agarró un poco de tos.

Día 1 de julio. Amanecí mejor, tengo corrimientos de la nuca y cuello. Poca tos, me volvió el apetito, se me entumen mis manos en la noche.

Día 2 de julio. Menos dolor del cuello en la parte de atrás. Ya casi nada de tos muy raro que tosa y cuando me llamaron del hospital me dijeron que hoy saldría ya de alta. Pero yo me quise seguir cuidando por más tiempo.

Fué admirable que varias personas nos llamaban y oraban por nosotros y nos enviaban o traían a la puerta lo que consideraban que nos podía ayudar. Recibimos información también de remedios naturales y hasta nos hacían llegar te.

Nuestro vecino por la barda nos compartía pan dulce. Todos estos gestos de amor se los agradecemos infinitamente y sabemos que Dios no se queda con nada y los va a recompensar grandemente.

Siento que Dios me permitió vivir esta experiencia para alabanza y gloria de su nombre para enseñarme de que, si yo tengo fe, nada me va a pasar y así fue mi hermana Coco y mi sobrino Joel vinieron a mi puerta de mi cuarto cuando supieron mi resultado y el de ella todavía no salía.

Y mi hermana me dice llorando, hermanita, me siento mal, siento que yo te traje esto y le dije, no te preocupes ni te culpes hermanita, estoy bien, estoy fuerte, estoy positiva y siento que Dios me permite experimentar esto por alguna razón.

Otra hermana me dijo: toma nota para que nos digas día por día cómo te vas sintiendo y así lo hice y me sirvió bastante porque pude compartirles a mis seres amados y personas que desde lejos me han llamado para preguntarme y les puedo decir como yo me sentía y eso les ayuda.

Todo lo que nos decían nos lo hacíamos para hacer más llevadera mi cuarentena y mi confinamiento. Y lo hice público en redes sociales para ayudar un poco a los que desean saber y se beneficiaran de mí compartir.

Lo hice en 3 tiempos, en el primero era para informarles a todos que me había dado a mí si y a mi esposo no. Y que me llegó hasta mi casa. Qué agradecía a todos por sus oraciones y sus envíos Qué sentía que no me fue mal por 3 grandes razones.

La primera razón. El gran poder de Dios porque siempre estoy orando y pidiéndole su protección.

La segunda razón. Por estar más de 7 años consumiendo café con ganoderma 365. Mi GanoLife que me ha mantenido mi cuerpo fuerte y saludable.

Tercera razón, cambios que mi esposo y yo hemos implementado en nuestras vidas como son alimentación, ejercicio, respiración, meditación, agua alcalina que instalamos en casa y usar lo más que podemos alternativo y natural. Agregamos ayuno intermitente 16-8 y pisar tierra con pies descalzos cuando podemos.

La segunda notificación que subimos a redes sociales. Fueron cómo 50 fotos enseñando lo que usaba. Mis tes, vinagre para gárgaras, sal, de mar, limones, jengibre, canela, café GanoLife, mis alimentos saludables, agua en vidrio asoleada y con jengibre y limón. Miel de abeja. Hojas de guayabo. Vino o tequila para gárgaras. Tomaba hojas de guayabo preparadas así: 4 hojas picadas ponerlas en una taza, agregar agua hirviendo y tapar. Después reposar por 20 minutos y luego colar y endulzar con miel de abeja. Té de eucalipto y ponerlo a hervir, dejando que el vapor se extienda por toda la casa. Y tomarlo también. Usar cebolla picada en diferentes partes de la casa y pude hasta mandar una foto de donde me bañaba para entrar lo menos posible a la casa y cuidar de los demás. Tenía también el oxímetro para monitorear mi oxígeno y termómetro por si me daba fiebre. Gracias sobrina Susie por decirme de la importancia del oxímetro y muchas cosas mas. Como tú ya habías pasado por eso me pudiste dar muy grande ayuda dándome de tu conocimiento y experiencias.

Felizmente subo la tercera información a Facebook para informar que ya me habían dado de alta y que gracias a tanta gente hermosa y llamadas de alerta para informarnos y mandarnos a chequear a tiempo, pudimos obtener estos resultados.

De 19 personas que estábamos cerca y en contacto casi a diario, solamente mi hermana y yo salimos positivas y los otros 17 salieron negativos, gracias al extremo cuidado y a la buena comunicación.

Las precauciones las seguimos llevando y no se nos han enfermado nadie de esos 17 que se libraron. Pero agradezco mucho a Dios, nuestro Señor por permitirme ser yo la que experimentará esta vivencia y si mi familia amada lo llegara a tener, ahí voy a estar yo para apoyarlos y ayudarlos, porque para mí ya fue camino recorrido.

Algo que también me ayudó mucho fue el saber estas estadísticas que escuchaba constantemente en los medios de comunicación.

80% se libra solo y lo supera.

15% requiere ayuda médica y lo supera.

5% fallecen debido a condiciones variadas de salud y que las tienen desde tiempo atrás. Y que su sistema inmunológico está muy bajo.

Y yo me dije con ayuda de Dios yo estoy en ese 80%. Así lo decreté y así resultó al final.

La empresa GanoLife por medio de nosotros difundía mensajes de apoyo a nuestra comunidad.

Quiero finalizar diciendo con todo mi corazón que ésta pandemia para mí vino a traerme mucho beneficio.

El primero. Me acercó más a Dios.

El segundo. Amé y valoré más a mi familia, porque con estos tiempos de aislamiento yo pude darme cuenta de cuanto los extraño y cuanto los necesito. Me llenaba mis ojos de lágrimas el ver a mis niños cuando estuve con el coronavirus, devisarme a través de un cerco o a través de la ventana de cristal y de escuchar sus vocesitas por teléfono diciéndome, mamá Bertha ya te quiero ver.

Y el tercero. Me he preparado más en todas las áreas de mi vida y he tenido la gran oportunidad de sacar mi libro titulado." Lo hermoso de mi vida".